VENDER EN TIEMPOS DIFÍCILES

d to hap

prayers

Author: Churton, Tobias, 1960-
Item ID: 22960000310218
Date due: NEVER

Title: A simple guide to John
Author: McCarren, Paul J., 1943-
Item ID: 22960000847102
Date due: NEVER

Title: The stranger on the road to Emmaus
Author: Cross, John R.,
Item ID: 25080839
Date due: NEVER

Title: The Oxford Bible commentary
Author: Barton, John, 1948-
Item ID: 24314718
Date due: NEVER

...ng the library today yo... saved: $317.77

Tom Hopkins

Vender en tiempos difíciles

Secretos para vender cuando nadie está comprando

EMPRESA ACTIVA
Argentina - Chile - Colombia - España
Estados Unidos - México - Perú - Uruguay - Venezuela

Título original: *Selling in Though Times – Secrets to Selling When No One Is Buying*
Editor original: Business Plus (Hachette Book Group), Nueva York
Traducción: María Isabel Merino Sánchez

Aribau, 142, pral. – 08036 Barcelona
www.empresaactiva.com
www.edicionesurano.com

ISBN: 978-84-92452-61-3
Depósito legal: B. 31.960-2010
Fotocomposición: Zero preimpresión, S. L.
Impreso por: Romanyà-Valls – Verdaguer, 1
08786 Capellades (Barcelona)

Impreso en España – *Printed in Spain*

Durante más de treinta años, Tom Hopkins International ha sido afortunada y ha prosperado mientras atendía a las necesidades de los vendedores de todo el mundo. Debido al compromiso y dedicación de un equipo increíble de personas, he podido escribir quince libros, dirigir más de 4.500 seminarios presenciales y producir innumerables horas de enseñanza, en vídeo y audio, sobre cómo vender. Estaré por siempre en deuda y agradecido a estas personas maravillosas:

Spencer Price, Director Financiero
Laura Olien, Presidente
Judy Slack, Directora de Investigación y Desarrollo *(y «negra» o «escritora en la sombra»)*
Kristine Weaver, Directora Administrativa
Linda Hunt, Servicio al Cliente
Frank Valenzuela, Jefe de Almacén
Sharon Kolacny, Recepcionista *Extraordinaria*
Deborah Scroggins, Gerente de Seminarios (y mi secretaria personal)
Rosie Wolfrum, Cuentas por cobrar
Michael Hansen, Gerente de Programas *in situ*

Agradecimientos

Me gustaría agradecer en particular a Dan S. Kennedy, *Hacedor de Millonarios*, y a Laura Laaman, compañera en la formación de vendedores, por sus aportaciones al libro.

Quiero expresar un reconocimiento especial para mi editora, Leila Porteous, de Grand Central Publishing.

Índice

Introducción

Algunas de los líderes empresariales más ricos e influyentes de nuestros días empezaron como vendedores y ahora son citados, regularmente, en la lista Forbes de los 400 estadounidenses más ricos y están al frente de las principales corporaciones. Y no consiguieron, necesariamente, su estatus de campeones ni forjaron su fortuna durante periodos económicos excelentes. Por el contrario, muchos de ellos encontraron medios para hacerse con cuota de mercado satisfaciendo una necesidad específica o trabajando duro para mejorar lo que la competencia ofrecía.

Por nombrar unos pocos:

Sheldon Adelson, empresario multimillonario de Las Vegas Sands Corporation.

S. Daniel Abraham, de Thompson Medical Company (la empresa que fabrica y vende los productos Slim-Fast).

Anne Mulcahy, consejera delegada de Xerox.

Richard M. Schulze, de Best Buy.

Philip H. Knight, de Nike.

Comprendieron que el negocio no tiene que ver con los productos. Se trata de satisfacer las necesidades de la gente. De hecho, cuando oigas el término *mercado,* a partir de ahora, quiero que entiendas que hablo de *personas.* Cuando vendes, estás en el negocio de las personas. Vendes tus productos y servicios a las personas. Por lo tanto, vender es, en realidad, comunicarte con ellas y comprender sus necesidades.

Aunque los sectores, la economía y las empresas funcionan según ciclos, todas dependen de las personas. Las personas dependen de que las empresas ofrezcan productos y proporcionen empleo. Cuando se produce algún tropiezo en una empresa, normalmente será necesario un cambio que afecta a la gente que está relacionada con ella... tanto a los empleados como a los clientes.

Cambio es una de las palabras que más asustan a muchas personas. Para los que han aprendido a aceptar el cambio, su efecto no es tan perturbador. Para los que quieren que las cosas sigan igual, puede ser absolutamente paralizador. Cuando nos paraliza el miedo, dejamos de tomar decisiones, en especial las que tienen que ver con la seguridad (léase «dinero»).

Todas las empresas se mueven según ciclos. Hay ciclos de alza, ciclos de baja y todo lo que cabe entre los dos. Y se puede triunfar en todos ellos. Realmente, no importa tanto lo que pasa en el mercado cuando eres un auténtico profesional de las ventas. La clave del éxito está dentro de ti mismo y de lo que creas respecto al lugar donde te encuentras actualmente en el ciclo de negocio. Este libro trata de que estés bien preparado para responder proactivamente a cada ciclo en el que te encuentres en tu carrera a largo plazo.

Mira, en los bajones económicos o industriales, el trabajo del vendedor es más vital que nunca. En tiempos difíciles, algunos consumidores no comprarán más que lo absolutamente necesario. Es tarea del vendedor ayudarlos a reconocer su necesidad y su capacidad para permitirse otras cosas.

Hay escasez de compradores por impulso, y suelen ser un chollo para las empresas. Y es posible que los grandes clientes que son su fundamento estén reduciendo sus pedidos o espaciándolos. Una vez más, es tarea del equipo de ventas continuar satisfaciendo las necesidades de estos grandes clientes y ayudarlos a superar los tiempos difíciles, así cuando las cosas vuelvan a su cauce, seguirán siéndonos fieles, a nosotros, a nuestra marca y a nuestra empresa.

Es tarea de los vendedores del mundo, los que se la juegan cada día, salir y hacer que las cosas sucedan. Es el mismo consejo que di en los días paralizadores, aquí en Estados Unidos, después de la conmoción provocada por los ataques del 11 de septiembre de 2001. Mi intención no era quitarle importancia a la tragedia de lo que sucedió aquel día aciago, pero sí hacer lo que mejor hacemos... reponernos y seguir avanzando. Es sólo haciendo cosas normales como vuelve el sentido de la normalidad.

Quizá tengas que reajustar tu manera de pensar y algunas de tus estrategias para salir de una aguda crisis económica, pero tienes que saber que se puede hacer y que lo han hecho miles de profesionales de la venta que se enfrentaron a desastres peores de los que ahora tenéis delante.

La venta puede continuar y continúa durante los tiempos difíciles. Y los auténticos profesionales de la venta que comprenden y obran sobre lo que es necesario hacer no sólo sobreviven, sino que prosperan.

Dominar el arte de la venta es dominar el arte de proporcionar a nuestros clientes los productos, servicios y contactos posteriores a la venta que quieren, necesitan y, lo más importante, merecen. Así es como los individuos y las organizaciones capearán el temporal y los bruscos altibajos del futuro. Así es como no sólo sobrevivirán a cualquier problema, sino que crecerán, prosperarán y alcanzarán la grandeza superando esos problemas.

Créeme. He estado en esa montaña rusa y he cabalgado (y sobrevivido) las grandes olas del cambio. Conozco la venta. Antes de descubrir lo apasionante que podía ser ese mundo realicé trabajos físicamente exigentes, acarreando vigas de acero de un lado para otro en los solares en construcción. Invertí en mí mismo y en formación y entré en el sector de las agencias inmobiliarias. Trabajé duro para servir a tantos clientes como fuera posible y alcancé niveles de éxito más allá de mis sueños más descabellados. Hice la transición a la formación de ventas después de ver cuántos estaban en la misma situación en que yo había estado, entusiasmados por el campo de las ventas, pero sin comprender que es algo que hay que aprender, igual que cualquier otra destreza. Hoy, Tom Hopkins International está reconocida como la primera organización para la formación de ventas de Estados Unidos. Por favor, lee este libro y tómate en serio lo que te propongo. Sé de lo que hablo. También sé que puedes emplear lo que aprendas aquí para alcanzar tus metas más preciadas e ir más allá, proporcionando un servicio superior a tus clientes por medio de la venta.

Vender en tiempos difíciles

1

¿En qué consiste realmente la profesión de vendedor?

El filósofo inglés Alfred North Whitehead escribió: «El futuro está preñado de todo tipo de posibilidades de éxito y de tragedia». La manera en que manejemos esas posibilidades y, quizá más importante, cómo manejemos los problemas determinará si disfrutamos de nuestros éxitos o cosechamos nuestra propia tragedia.

Siempre que nos enfrentemos a tiempos difíciles, es el momento de poner manos a la obra. Cuanto antes empecemos a centrarnos en lo que está pasando y en qué medidas tomar para superarlo, antes podremos empezar a avanzar para mejorar nuestra situación actual.

Puede que esto parezca una solución demasiado simplificada, y así es, pero ¿de qué sirve gemir, rezongar y hablar de lo mal que están las cosas? De hecho, cuanto más nos centremos en unas ventas flojas, en una crítica injustificada en la prensa, en la pérdida de un cliente importante o en la preocupante economía global, más prolongaremos sus efectos mediante nuestra propia inacción.

Cuando continuamos hablando del lado negativo de las cosas, nos convertimos en parte del problema. Estamos ayudando a propagar el virus de las malas noticias, igual que propagaríamos cualquier otro tipo de virus, si no nos laváramos las manos o nos tapáramos la boca cuando tosemos o estornudamos. De hecho, taparse la boca es la mejor respuesta para la salud, tanto física como mental, cuando nos tropezamos con algo potencialmente vírico, sea realmente un virus o sólo malas noticias. Es necesario que pensemos, actuemos y vivamos en el momento presente.

Seamos realistas. Si permanecemos en una profesión, del tipo que sea, un tiempo suficiente, es inevitable que pasemos por ciclos altos y por ciclos bajos. Como los manejemos depende, en gran medida, de cuáles sean sus causas.

Causas de los tiempos difíciles

La demografía

Las personas cambian. El cambio demográfico actual y espectacular ha tenido, y continuará teniendo, un efecto tremendo en la economía global. En Estados Unidos, a ese cambio se le da el nombre de «el encanecer de Estados Unidos». En realidad es toda la población mundial la que encanece. Si trabajas en el mercado internacional, cada vez mayor, toma nota. Un gran número de personas de la generación del *baby boom* descubren que sus necesidades están cambiando. Las empresas tendrán que adaptarse a ese maremoto de cambio que se avecina o verse arrasadas por él.

Al mismo tiempo, tienen que atender a las necesidades de la juventud actual en lo referente a productos de tecnología, financieros y de consumo. Mientras que a las abuelas quizá no les importe ni comprendan siquiera que la nueva versión de los MP3 tiene un programa de viaje en el tiempo, a los nietos que pronto controlarán una gran parte de la riqueza mundial sí que les interesa. Y les interesa mucho.

Los tiempos difíciles pueden llegar a ser duros de verdad para algunas compañías. Encontrar, conquistar y luego conservar buenos clientes será un reto importante, si no el mayor reto, en un futuro inmediato. Pero, una vez más, hay un medio para responder a ese reto.

Más que nunca antes, los proveedores, empresas o individuos, deben centrarse en construir organizaciones y combinaciones producto/servicio que satisfagan las necesidades especiales que tienen empresas e individuos de una diversidad increíble.

Los ciclos económicos

La economía continuará siendo inestable. «Pues claro, Tom, ¿cuándo no ha sido inestable?» ¡Si alguien descubre la capacidad de predecir con justeza lo que sucederá en la economía, dominará el mundo!

En los primeros días de este siglo, vimos un crecimiento fenomenal en muchos sectores de los servicios. Durante años, no se podía ver un telediario, leer una revista de interés general u hojear el periódico local sin leer historias elogiosas del auge de la propiedad inmobiliaria o de las increíbles ganancias de la Bolsa.

Espléndido, pero, como nos dicen las leyes universales, cada periodo de auge va seguido de una depresión y de tiempos difíciles o, para usar términos más amables y suaves, una «corrección». Todo lo que sube, baja. Por supuesto, lo más probable es que eso (sea lo que sea «eso») vuelva a subir de nuevo en el momento oportuno del ciclo económico.

Sólo los hombres de negocios inteligentes estarán en situación de viajar con éxito en la montaña rusa superando el momento en que toque fondo y luego, inevitablemente, vuelva a subir a las alturas. Las empresas y las personas que trabajan en ellas tendrán que situarse como proveedores dignos por medio de una acción rápida, una combinación adecuada producto/servicio para su mercado o sus mercados, y la oferta de un servicio auténtico y personal.

La política

No me importa a qué partido político apoyes ni siquiera si te consideras apolítico. Por favor, comprende esto. Estamos profunda, intensa e íntimamente involucrados en la política, local, estatal y federal. No hay manera de escapar.

¿Crees que no? Piénsalo de nuevo. Que estés en contra del gran gobierno, a favor del gran gobierno o en algún punto intermedio es irrelevante. El gobierno —la política— es un factor muy importante del éxito o el fracaso de nuestra empresa, del logro de nuestras metas y del proceso para asegurarnos un futuro seguro, sólido y feliz.

Muchos sectores han estado sometidos a un intenso escrutinio por parte de las autoridades de supervisión y vigilancia, locales, estatales y federales, y de los organismos gubernamentales. Esta tendencia continuará mientras haya personas codiciosas y sin escrúpulos tanto en puestos de liderazgo como de ventas.

Un elemento clave de lo que sucede en las empresas tiene que ver con la ética. Piensa en los escándalos importantes que han hecho tambalear el mundo económico en los últimos años. Las operaciones del Savings & Loan, en la década de 1980. Los casos de información privilegiada. World.com. Tyco. ImClose Systems (Martha Stewart). Enron.

Debido a las secuelas de algunos de estos escándalos, hay personas en los más altos puestos empresariales que ahora tienen que rendir cuentas. Con frecuencia, la causa principal de muchos de estos fracasos (de las empresas y de las personas que las dirigen) parece reducirse a la codicia o a principios éticos deplorables.

Para impedir que en el futuro se infrinjan de forma masiva las prácticas económicas, todos y cada uno debemos dar un paso adelante y hacer que el término *responsabilidad* sea predominante en nuestras declaraciones de misión. Uno de los mejores libros que he leído sobre este tema es *QBQ! The Question Behind the Question*, de John G. Miller. *QBQ!* es una obra práctica, universal e intemporal, porque la obligación personal de rendir cuentas es aplicable a las personas y a las organizaciones, independientemente de lo que esté pasando. Más adelante, en este mismo capítulo, hablaremos de nuevo de la ética personal y de cómo afectará a nuestro índice de supervivencia.

En la actualidad, la regulación de la actividad comercial es intensa en todos los niveles. Y se hará más compleja con el paso de los años. El control gubernamental y una normativa acrecentados harán que sea mayor el riesgo de perder nuestro puesto de trabajo, nuestros ingresos e incluso nuestro negocio. No comprender ni cumplir con la carga cada vez mayor de esas regulaciones podría ser desastroso. Los costes del incumplimiento, la pérdida de reputación, la pérdida de una base de clientes sólida y el riesgo de ofrecer productos y servicios deficientes o mal orientados podrían hundir cualquier negocio.

Siempre he promovido y practicado que hay que mantenerse fiel a los principios más elevados posibles de la práctica empresarial. Si los niveles típicos de tu sector son bajos, no cedas ante ellos. Sube el listón. Adherirse a los estándares éticos más altos será esencial para cultivar y mantener la fidelidad del cliente; fundamento de todo éxito. En especial durante tiempos arduos debes ser el ejemplo luminoso de valores morales sólidos. Si permaneces cerca de tu base de clientes y los ayudas a superar estos momentos, se quedarán contigo durante largo tiempo.

La tecnología

El cambio continúa llegando en oleadas conforme nuevas tecnologías proporcionan mejores medios de ofrecer un servicio perfeccionado y más personal a precios más asequibles. Sin embargo, como sucede con todo, implantar el cambio tecnológico tiene sus más y sus menos. Es preciso que analicemos cualquier cambio que estemos considerando aplicar en nuestra manera de hacer negocios a la luz del resultado final que tendrá para nuestros clientes.

¿Por qué debería un cliente potencial ir hasta el centro de la ciudad o permitir que un vendedor no respete el espacio personal de su hogar cuando media docena o más de organizaciones le ofrecen la posibilidad de comprar por Internet? Sabemos que la respuesta es que los vendedores son expertos en el sector y, a menos que el cliente esté interesado en invertir la misma cantidad de tiempo que nosotros para aprender nuestro negocio, no es probable que tomen decisiones auténticamente buenas para ellos. Pero son pocos los consumidores que comprenden esto.

¿Por qué Juan o Juana Consumidor necesitan arreglarse, coger el coche, lidiar con el tráfico y hacer cola para comprar algo cuando puede quedarse sentado en casa, tomando café, en albornoz, y completar su compra pulsando el teclado de un ordenador?

Sí, ¿por qué?

La solución se puede encontrar en el reto. La tecnología puede ser fácil. La gente puede llegar a creer que no nos necesita, a los vendedores. Si tu página web le dice a un cliente todo lo que tú le dirías, puedes llegar a ser obsoleto... salvo por el hecho de que no son muchos los sitios web que ofrecen un servicio personalizado. No pueden analizar qué producto encaja mejor en las necesidades reales de un cliente en este momento, mientras considera, al mismo tiempo, las necesidades de ese cliente para el futuro.

La tecnología es genial, pero sólo cuando se usa como accesorio de un auténtico servicio personal cuyo objetivo es solucionar los problemas individuales de cada cliente.

El sector

Ha habido épocas, y continuará habiéndolas, en que ciertos sectores sufren. Se me ocurren unos cuantos que han padecido durante mi vida; son el sector de la multipropiedad, los sectores inmobiliario e hipotecario, el sector del automóvil y los servicios relacionados con el crédito. Todos han recibido golpes muy fuertes. En algunos casos, han tenido que hacer una limpieza interna a fin de curar indiscreciones y reinventarse para seguir siendo fuertes y proporcionar servicios que son muy necesarios y deseados por los clientes, pero ofrecerlos de otra manera a como lo eran antes.

La madre naturaleza

Si uno vive en cualquier región costera de Estados Unidos, podría sufrir las consecuencias de una tormenta lo bastante grave como para cerrar la empresa durante algún tiempo. La gente del interior se enfrenta a periodos de tornados cada año. Algunas zonas de nuestro país son más propensas a incendios arrasadores que otras. Y ha habido grandes nevadas que han provocado una paralización general en otras partes del país.

Cuando la madre naturaleza se desata, todos tenemos que detenernos, ocuparnos de las necesidades más básicas y aflojar la marcha hasta que los elementos se calmen y todos nos recuperamos. Luego hacemos de tripas corazón y seguimos adelante, ¿no es así? Tenemos una gran capacidad de resistencia y la mayoría de las veces volvemos más fuertes y mejores. Lo único es que quizá necesitemos un poco de tiempo.

La competencia

Si no vigilamos a la competencia para estar preparados y contrarrestar sus movimientos, pronto nos encontraremos bajando puestos en la lista de primeras empresas de nuestro sector. Cuando una empresa nueva quiere entrar en el mundo de los negocios ya establecidos, quizás haga algunas ofertas de productos que nuestra empresa sencillamente no pueda mejorar o, incluso, ni siquiera estar cerca de igualar.

Si no estamos preparados, nos veremos sorprendidos —y podemos encontrarnos en una situación embarazosa— por un cliente antiguo que da por sentado que conocemos lo que hay detrás de esa nueva oferta tan increíble. Si tratamos de evitarlo o si esperamos que no nos planteen el reto, pero lo hacen ya muy avanzado el proceso de la venta, admitir que estábamos enterados sólo después de que nos lo pregunten nos hará parecer débiles o como si tratáramos de ocultar o soslayar la cuestión.

La competencia también puede intensificarse cuando los clientes nos enfrentan a otras empresas del sector para sacar el máximo provecho a su dinero y conseguir la mejor oferta económica posible. Si ofrecemos un producto de gama alta y de mucha calidad que no es el más económico, tenemos que estar preparados para hablar de ello y enorgullecernos de ese aspecto en las primeras etapas de nuestra presentación. El momento idóneo lo es todo y, si actuamos desde una posición ofensiva cuando se trata de un posible conflicto, el cliente verá que estamos bien preparados y que sabemos de qué hablamos.

Factores personales

Muchos hemos pasado por momentos en que una situación personal tuvo un efecto negativo sobre nuestra vida profesional. En algunos casos, se debió a que no supimos llevar el asunto en cuestión. En otros, una enfermedad grave nuestra o de un familiar cercano, afectó nuestra forma de ganarnos la vida. Como somos humanos, tenemos limitaciones. Hay un límite para lo que podemos soportar y habrá veces en que lo profesional tenga que pasar a segundo plano hasta que volvamos a ponernos en pie. Como con cualquier otro problema, tenemos que llevarlo lo mejor que podamos y seguir adelante lo más dignamente posible.

Vender es servir

He hecho una lista de los problemas a los que quizá tengas que enfrentarte algún día o a los que te estés enfrentando en estos momentos. El objetivo de este libro no es concentrarnos en esos problemas (propagando así el virus de la negatividad) sino mostrar las muchas maneras en que puedes situarte por encima de los demás y no sólo sobrevivir a los problemas actuales, sino prosperar. Como auténtico profesional de la venta, lo que haces proporciona un servicio genuino, específico y muy personalizado a quienes tienen la necesidad y la capacidad de adquirir tu producto o servicio. Vender es un servicio.

Como individuo o como organización, te puedes ver sometido a una increíble presión para poner tu producto o servicio, tu cuota mensual, tu empresa o incluso tus metas personales por delante de las necesidades de tu cliente. Esto, amigo mío, es un camino que lleva directamente a la tragedia, no al éxito.

Los clientes tienen cada día un conocimiento más amplio y profundo de los productos y servicios y de las nuevas tecnologías que aparecen continuamente en el mercado. Por añadidura, las necesidades del consumidor se modifican constantemente debido a los cambios demográficos, económicos (locales, regionales, nacionales y globales), políticos y tecnológicos.

Los ganadores del futuro serán los individuos y las organizaciones que se enfrenten a estos retos de múltiples facetas y los conviertan en oportunidades para construir relaciones fuertes y duraderas con cada cliente.

Y para eso, amigo mío, hace falta vender.

En los próximos capítulos te mostraré cómo vender ahora mismo, con independencia de los problemas a los que te enfrentes. Con esto no quiero decir «convencer» o «tratar» o «manejar» a tus clientes, posibles o actuales; hablo de proporcionar un auténtico servicio al cliente, concebido para satisfacer necesidades individuales. Te enseñaré los pasos que he aprendido de mi experiencia en el mundo real, la calle y las trincheras... los pasos fundamentales para *Vender en tiempos difíciles*. Pero, primero, hablemos de compromiso.

El compromiso de la profesión de vendedor

La profesión de vendedor, igual que un matrimonio, es un compromiso. Como sucede con cualquier compromiso a largo plazo, aceptamos estar a las duras y a las maduras. Por supuesto, cuando aceptamos ese compromiso, nos encontramos, por lo general, en el lado bueno de las cosas. Tenemos grandes esperanzas de éxito, satisfacción y recompensa económica. Nos entusiasma el nuevo principio y lo que el futuro nos reserva.

Asumimos compromisos con las empresas para representar sus productos. Asumimos un compromiso educacional para adquirir conocimientos sobre el sector y desarrollar habilidades de venta eficaces. Asumimos compromisos de tiempo para trabajar a las horas en que los clientes están disponibles.

Incluso asumimos el compromiso, con nosotros mismos y con nuestros seres queridos, de ser capaces de proporcionar un modo de vida mejor a todos los involucrados. Con frecuencia, parte del compromiso es no volver nunca a lo que fuera que estuviéramos haciendo antes, un trabajo que detestábamos por una u otra razón. Este es un aspecto importante, porque, a veces, los cambios que hacemos para *huir* de algo que no nos gusta pueden ser más poderosos que los que hacemos para avanzar hacia algo nuevo.

Por lo general, entramos en un campo o sector particular porque enciende una chispa en nosotros. Nos entusiasma lo que el producto o el servicio hacen por quienes lo usan y el potencial de nuevos avances y crecimiento que hay dentro de la línea de productos, además de las posibles recompensas económicas.

Piensa en cuando tomaste la decisión de representar el producto que ahora ayudas a que la gente utilice. ¿Recuerdas tu entusiasmo? Estabas ilusionado con el producto, con los beneficios que ofrecía a los clientes, con el tamaño del mercado y con el potencial de crecimiento dentro del sector. Es posible que conocieras a otras personas ya instaladas en ese campo que vivían como tú deseabas. Como los pensamientos crean sentimientos, ahora debes estar sintiendo el mismo tirón poderoso para alcanzar el éxito en tu sector que sentiste cuando te involucraste la primera vez. ¿No es magnífico?

Mis enseñanzas se basan en los fundamentos de la venta. Y, para que tenga éxito lo que vas a leer en el resto de este libro, es esencial que vuelvas a lo que pensabas y sentías originalmente respecto a tu actual campo. Vamos a inflamar de nuevo tu entusiasmo y tu determinación de triunfar. Es posible que, en la actualidad, te enfrentes a problemas de algún tipo, pero a menos que todo tu sector se esté desmoronando, hay esperanzas de que salgas ganando y seas uno de los profesionales que sobrevive y prospera, independientemente del desafío que plantee el día de hoy.

Como sucede con todo lo nuevo, en esto también hay una curva de aprendizaje. El reenfoque y revisión que haremos aquí, también va acompañado de una curva de aprendizaje, pero debería ser mucho más corta que si fueras nuevo en la venta, porque ya cuentas con un cierto nivel de experiencia.

Uno de los mejores aspectos de la profesión de vendedor es que es estimulante. Son demasiados los que cada día, al ir a trabajar, se enfrentan a las mismas situaciones, las mismas personas, el mismo tipo de trabajo y la misma escala salarial. En la venta, hay incontables oportunidades de encarar nuevas situaciones, conocer gente nueva, comercializar nuevos productos y ganar grandes recompensas. Como sucede con todo lo que ofrece grandes recompensas, lo que nos exige también es mucho. Tenemos que salir ahí fuera, cada día, con una sonrisa en la cara. Constantemente, debemos conocer gente nueva y ser capaces de pensar y reaccionar rápidamente.

En tanto que vendedor disfrutas de ventajas y extras que quienes trabajan en contabilidad o en la fábrica no ven nunca. Para empezar, probablemente tienes la oportunidad de ganar más dinero que ellos. Es posible que conduzcas un coche de la empresa o que ésta te proporcione un ordenador portátil y un teléfono móvil y te pague los gastos de viaje. A menos que trabajes en la venta al por menor, quizá ni siquiera tengas que fichar al entrar y salir. Puede que tu compromiso de tiempo sea más flexible que el de otros empleados de la compañía, porque es necesario que estés a disposición de los clientes en horas fuera del horario normal de oficina.

Aunque yo, personalmente, creo que vender es la profesión más fantástica del mundo y la he convertido en la ocupación de toda mi vida (incluso hoy, vendo ideas a los lectores), todos esos maravillosos extras deben atemperarse con un poco de realismo. La realidad del mundo de la venta es que la economía funciona en ciclos. No es diferente de cómo actúan las estaciones del año de la vida de los seres humanos o, incluso, de las plantas. Todos pasamos por ciclos de crecimiento, madurez y reposo.

Como anuncia el título de esta obra, es inevitable que haya tiempos difíciles. Puede haber épocas de vacas flacas, incluso épocas sencillamente deprimentes cuando tu sector, en su conjunto, sufre un castigo. Puede que tus tiempos difíciles se estén produciendo justo ahora y esa sea la razón de que estés leyendo este libro. Las buenas noticias son que las cosas mejorarán. Por otro lado, si estás en un ciclo alto y te preguntas cómo prepararte para otro no tan bueno que se avecina, sigue leyendo.

El máximo problema al que se enfrentan la mayoría de personas cuando no trabajan con la idea de que existen los ciclos es que nunca están lo suficientemente bien preparadas para lo que es probable que suceda mañana. En los buenos tiempos, hay tanta actividad que se convierten en adictos al trabajo o asumen deudas personales sin precedentes, pensando que esos suculentos ingresos que están ganando ahora continuarán llegando durante los próximos cinco, diez o treinta años.

Cuando el negocio está en auge y es fácil vender, también es fácil volverse perezoso y apartarse de los sólidos principios fundamentales de la venta. Es fácil dejar de hacer algunas de las cosas básicas que contribuyen a que nuestra trayectoria profesional sea sólida y duradera. Luego, cuando el ciclo entra en caída, tu vida, tanto personal como profesional, puede sufrir un duro golpe. Esas deudas que asumiste durante los tiempos de bonanza ahora te estrangulan y tc obligan a esforzarte más para llegar a fin de mes de lo que haces en el propio trabajo.

Cuando te dedicas a la venta como profesión a tiempo completo y de larga duración, es importante que te fijes expectativas realistas. Es triste, pero cierto, que muchos vendedores siguen ofreciendo el mismo producto, un año tras otro, porque eso es lo que conocen. Les resulta cómodo. No pensarían siquiera en hacer ningún tipo de cambio, a menos que su sector desapareciera... como sucedió con el mercado de los látigos que los cocheros empleaban al dispararse la industria automovilística.

En lugar de esperar a que te impongan el cambio, tanto si es debido a la economía en general, a tu sector o a tu zona geográfica, es preciso que asumas otro más de los compromisos de que hablábamos antes. Es preciso que te comprometas a perfeccionar tus habilidades, conocimientos y contactos conforme pasen los años. Muchos vendedores que no destacan se limitan a repetir cada año, hasta que se retiran, la experiencia de ventas de su primer año. Hacerlo así implica que será raro que sus ingresos aumenten más deprisa que la tasa de inflación. ¿Es eso lo que tú quieres? Lo dudo.

Cuando las cosas se ponen difíciles, hazte un favor y no reacciones... *responde*. ¿Cuál es la diferencia? Una reacción es una acción a favor o en contra de algo que impacta en nosotros. Puede ser instantánea, realizada prácticamente sin pensar o por reflejo. Para *responder* a algo tienes que hacer dos cosas específicas: (1) pararte, y (2) pensar.

Esperamos que utilices este libro como herramienta para hacer exactamente eso. Cuando sientas que las cosas se están descontrolando, da un paso atrás y echa una mirada seria a lo que está sucediendo. No podrás arreglar lo que se haya estropeado hasta que averigües exactamente qué es lo que va mal.

Una vez que sepas qué está sucediendo, tendrás que tomar algunas decisiones. ¿Permaneces en el sector y capeas los problemas actuales? ¿Cambias de empleo y te vas a una compañía competidora a la que le va mejor? ¿Dejas la venta por completo pensando en volver cuando las cosas mejoren? ¿Pones en marcha tu propio negocio, sin todos los gastos generales de tu actual empleador? ¿Vuelves a estudiar y adquieres formación para otra profesión? Puede ser una decisión muy difícil, más difícil todavía si has estado cabalgando sobre una bonita ola de productividad, sin prepararte para la parte de «para lo malo» que aceptaste en tu compromiso con tu profesión de vendedor.

Cómo hacer acopio de fuerzas para sobrevivir

A fin de sobrevivir a cualquier problema que afecte negativamente a tu profesión de vendedor, es preciso seguir el lema de los *boys scouts* y estar siempre listos. ¿Cómo estamos listos para cualquier suceso desconocido que pueda presentarse?

Se empieza comprometiéndose con el crecimiento personal. El crecimiento personal es el proceso de ampliar nuestros conocimientos y nuestra eficacia para poder servir más, ganar más y contribuir más a nuestro perfeccionamiento, al de nuestra familia y al de toda la humanidad. Exige una inversión de tiempo, esfuerzo y dinero. Recuerda que si no avanzas, retrocedes.

Rodéate de ganadores. Encuentra otras personas de ideas afines e intercambia estrategias para vender en estos tiempos, noticias positivas, ideas creativas y contactos de trabajo. Ten cuidado de no dejar que en este proceso participe nadie que no contribuya. Y no seas tú alguien que quiere disfrutar de los beneficios, pero no aporta nada positivo a los demás.

Para que sigas avanzando, te recomiendo que reserves el cinco por ciento de tu tiempo a tu perfeccionamiento personal. Si tu semana laboral es de cuarenta horas, esto representa dos horas a la semana. No es necesario que sea un bloque de dos horas seguidas, aunque muchos de mis alumnos lo encuentran muy útil. Podrías dedicar media hora cada día. (Adelante, haz los cálculos. De esta manera, el total es de un poco más de dos horas a la semana, pero quieres alcanzar una excelencia duradera, ¿no es verdad?)

¿En qué vas a trabajar? Depende de ti. Puntúa tu nivel de conocimientos en los siguientes campos, que son críticos para el éxito total:

- Administración del tiempo
- Conocimientos de informática
- Escritura, redacción
- Focalización
- Autodisciplina
- Técnicas de comunicación verbal
- Ropa y cuidado personal
- Lenguaje corporal: interpretar y transmitir
- Aptitudes de lectura
- Matemáticas
- Conocimiento de productos
- Conocimientos de contabilidad/administración
- Creación de redes de contacto
- Prospección
- Manejo de tu economía personal

Si descubres que no estás tranquilo respecto a tu actual nivel de conocimientos en cualquiera de estos campos, no te preocupes. El propósito de dedicar un cinco por ciento de tu tiempo a mejorar es salir al paso de estos temores por medio de la educación.

Esta experiencia educativa no tiene por qué ser cara o tradicional (en caso de que seas como yo y odies la escuela). Podrás encontrar muchos recursos en la biblioteca pública. Olvídate de los anuncios de tarjetas de crédito; la tarjeta de una biblioteca es la más poderosa que puedes llevar en la cartera o el bolso.

¿Se puede invertir en algo mejor que en tu propio crecimiento personal? Piénsalo. Creo que estarás de acuerdo en que cualquier otra cosa en la que podrías invertir puede perder valor de mercado, que te la roben o que la embargue el fisco. En cambio, el tiempo que dedicas a perfeccionarte seguirá contigo toda la vida, contribuyendo durante toda tu trayectoria profesional a tu autoconfianza y tu capacidad para vencer cualquier cosa que la vida envíe contra ti.

Añadido al gran volumen de materiales educativos disponibles en la biblioteca pública, te recomiendo que crees un fondo para tu educación. Ingresa un 5 % por ciento de tus ingresos netos en una cuenta de ahorros para educación. Así, cuando surja una oportunidad en este campo que supere lo que puedes encontrar gratis, nunca tendrás que decir "No me lo puedo permitir". Te interesa aprovechar los cursos de centros de formación locales. Algunas escuelas técnicas privadas ofrecen, por una cuota, programas excelentes que pueden ser una inmensa ayuda en tu profesión. Igual que sucede con los conciertos, muchos profesores excelentes imparten en tu localidad seminarios sobre temas específicos de tu sector o campo. Estate alerta. Prográmalos en tu calendario. ¡Inscríbete y aprende!

El psicoterapeuta Alan Loy McGinnis aborda este aspecto muy bien; dice: «Todos tenemos debilidades. El truco es determinar cuáles son mejorables, trabajar sobre ellas y olvidarse del resto».

Al analizar tus puntos fuertes y débiles en las categorías anotadas arriba, es seguro que algunas cosas te resulten más fáciles que otras. Es probable que las que encuentres difíciles o incómodas marquen la máxima diferencia en tu profesión una vez que te instruyas en ellas. Al principio, quizá sientas una cierta vacilación para empezar a trabajar en estos campos. Es absolutamente normal. Vacilamos en hacer lo que más tememos. Y el temor no es más que falta de conocimientos.

Mi mentor personal, cuando yo era un vendedor joven, era el gran formador de vendedores J. Douglas Edwards. Como el 95 por ciento de personas en el mundo, yo tenía un miedo tremendo a hablar en público. Cuando el señor Edwards supo que me habían invitado a hablar en una reunión de ventas sobre cómo lograba altos niveles de éxito en mi campo, me dijo: «Tom, si haces lo que más temes, vencerás el miedo». Por duro que me resultaba aceptarlo, sabía que tenía razón. Acepté la oferta y me dediqué a aprender cómo preparar y pronunciar un buen discurso. Tengo que reconocer que no lo hice muy bien la primera vez, pero lo hice. Y hacerlo me dio confianza para volver a hacerlo... además del deseo de mejorar.

Explora todos los caminos que te llevan más arriba de donde estás hoy. No te encojas ante lo que más temes. No temas admitir tus debilidades. Exalta tus puntos fuertes en tu mente y ganarás confianza para vencer esas debilidades.

La ética personal en tiempos difíciles

Cuando nos enfrentamos a un problema que bien podría afectar negativamente a nuestros ingresos, es posible que se genere un alto grado de temor. El miedo es algo muy común cuando vivimos tiempos difíciles. Tememos la pérdida de seguridad. Podría ser una pérdida de ingresos o incluso de nuestro puesto de trabajo. Podemos temer el fracaso, o la apariencia de haber fracasado. Éstas son dos de las principales causas de angustia en quienes se enfrentan a los mayores problemas en los negocios.

Cuando actuamos en un estado de miedo, no siempre pensamos racionalmente. La angustia y los pensamientos irracionales pueden llevarnos a hacer cosas que más tarde lamentaremos. Podemos empezar a decirles pequeñas mentiras a nuestros clientes, compañeros o miembros de la familia. Podemos hacer cosas que no son propias de nuestra manera normal de actuar, tales como omitir informaciones importantes que podrían frenar una venta. O vender algo a alguien que no lo necesita. En otras palabras, hacer cualquier cosa para realizar la venta, tanto si eso es bueno para el cliente como si no lo es. Por desgracia, estos actos pueden causarnos más problemas que aquellos a los que nos enfrentábamos inicialmente.

Por favor, no lo hagas. No aceleres la espiral descendente en que quizá te encuentres tomando un camino deshonesto. Aunque es posible que alivie temporalmente la tensión y el dolor que sufres, nunca te proporcionará una satisfacción duradera. En realidad, te puede reconcomer durante el resto de tu vida; también puede poner en marcha un mal modelo para el futuro.

Cuando tenemos que tomar decisiones en una situación de estrés, es necesario que nos apoyemos en una conciencia firme. Si estás acostumbrado a contar pequeñas mentiras o a encontrar excusas para tomar atajos en tus presentaciones, descubrirás que tus músculos para «tomar decisiones sensatas» se debilitan y tenderás a tomar malas decisiones. Buscar excusas para justificar tus decisiones es mentirte a ti mismo... y si partes de esa base, mentirás a todo el mundo.

Mis enseñanzas en cuanto a la ética son muy sencillas:

1. Sigue la regla de oro de tratar a los demás como querrías que ellos te trataran. ¿Querría que me advirtieran de posibles cambios en la comunidad que quizás afecten negativamente al valor de mi casa? Sí. ¿Querría que me aconsejaran invertir en un producto que no uso regularmente, porque las existencias se están agotando? Quizá, si de verdad necesitara o quisiera ese producto. ¿Querría que me dijeran que esta es la inversión más económica para el producto, si no lo fuera? Claro que no.

2. Fija tu propia brújula moral y evalúa todo lo que dices y haces en los negocios y en la vida según esa brújula. Algunos de mis alumnos utilizan algo externo. Cuando se enfrentan a algún dilema se preguntan:«¿Me sentiría orgulloso si mis padres supieran que he hecho esto?» O«¿Cómo me sentiría si mis hijos supieran que me he comportado así o que he manejado una situación de esta manera?» Para otros, es algo más amplio:«¿Qué pasaría conmigo, con mi trabajo o con mis seres queridos si mi actuación en este asunto apareciera en las noticias locales o nacionales?»

Hay muchas personas que llevan su brújula dentro de ellos.«¿Cómo me sentiré después de hacer esto o aquello?» «¿Lamentaré más tarde esta decisión o este acto?» «¿Qué razón hay detrás de mi deseo de hacer esto?» Si la razón que hay detrás es otra que la de ayudar a los demás a tomar decisiones que sean buenas para ellos o proporcionar un servicio muy necesario a tu prójimo —sea una persona o una empresa— quizá debas considerar un plan alternativo.

No te eches encima la emoción de la culpa. Si sabes que algo que estás pensando hacer o decir te hará sentir culpable más adelante, no lo hagas. La culpa es una emoción inútil. Tú y sólo tú controlas si afecta a tu vida y cómo lo hace.

3. Sé sincero. Si siempre eres sincero, si nunca mientes a los clientes, nunca tendrás que preocuparte de borrar el rastro de tus actos. Mark Twain habló de esto. Dijo: «Si dices la verdad, no tienes necesidad de acordarte de nada».

Psicólogos y psiquiatras te dirán que gran parte de la angustia mental que sufren las personas que los consultan se alivia cuando aprenden a ser sinceras respecto a sus errores y se perdonan. El peso de la falta de honradez es una dura carga. Afecta tanto a tu mente como a tu cuerpo.

Ser falible es parte de ser humanos. Todos cometemos errores. Simplemente, acostúmbrate a reconocerlos, sinceramente, a pedir perdón a cualquiera que hayas herido y luego a perdonarte. Caminarás con un paso más ligero y verás que entra en tu vida más bondad en general.

Nunca, jamás, pongas tu necesidad o deseos de ganar

dinero por delante de tu compromiso para servir a las necesidades de otros. Esta es la base de una trayectoria profesional de ventas exitosa y enormemente gratificante.

Resumen

- Comprendes que vender es una actividad cíclica y que tienes que disfrutar de las épocas buenas, sin dejar de prepararte para las malas.
- La mayor parte de lo que causa cambios en los ciclos no es algo que tú puedas controlar. Debes responder al cambio, en lugar de reaccionar ante él.
- Vender es una profesión que proporciona servicio a los demás.
- Un auténtico profesional se compromete con el éxito en una profesión de ventas.
- A fin de triunfar, es preciso que te atengas a tu propia brújula ética.

2

¿Qué clase de vendedor eres?

Dado que estás leyendo este libro, supongo que no eres la clase de vendedor que es falsamente cordial con los clientes potenciales o los empuja a tomar decisiones de compra que quizá lamenten más adelante. Pero nuestro objetivo en este capítulo no es hablar de lo que no se debe ser. Por el contrario, nuestra meta es mostrarte las características de los mejores profesionales de la venta en la actualidad. Una vez que reconozcas los rasgos de esos profesionales, podrás evaluar si posees o no esas mismas virtudes y, si no las tienes, qué puedes hacer para cultivarlas.

Si quieres triunfar de verdad, tienes que exigirte más de lo habitual. Haz que la venta sea tu afición, además de tu profesión. Mientras te ocupas de las cosas de cada día, desarrolla el hábito de observar las diversas interacciones de los demás. ¡Todas las personas venden algo! ¿Cómo lo hacen? ¿Qué conducta adoptan? ¿Qué palabras usan? ¿Cómo responde el cliente potencial a su manera de presentarse? ¿Hacen preguntas, sueltan gran cantidad de información o dan órdenes? ¿Logran sus objetivos? ¿Qué podrían haber dicho o hacer de otra manera para tener éxito?

Mantén sintonizada tu antena mental en todo momento para extraer ideas para vender mejor, y pronto descubrirás que mejoras diariamente. Puede ser que algo que dices prácticamente sin pensar haga que tu hijo decida tomar un desayuno sano. Quizás oyes cómo tu cónyuge le dice algo a otro miembro de la familia, algo que provoca una respuesta positiva. ¿Cómo la han conseguido?

Si escuchas la radio de camino al trabajo (en lugar de poner cedés con cursos de formación), presta mucha atención a cómo te hace sentir cada anuncio. ¿Qué palabras usan? ¿Qué emociones evocan? Si decides anotar la dirección de una página web o un número de teléfono que proporciona un anuncio, piensa en el porqué. ¿Es porque necesitas realmente ese servicio? ¿O había algo en el anuncio que te atraía emocional, lógica o racionalmente?

Muchos de mis alumnos de más éxito llevan siempre encima un cuaderno para apuntar pequeñas ideas de técnicas de venta con las que tropiezan cada día. Luego, una vez a la semana, las leen y piensan en cómo incorporarlas a sus situaciones de venta. ¡Pruébalo! Te sorprenderá agradablemente lo que te aportará.

Tu estilo como vendedor

Ahora que estás preparado para buscar ideas de venta en cualquier sitio adonde vayas, echemos una ojeada a lo que vendes justo ahora. La mayoría de personas del mundo de la venta entran en una de dos categorías muy generales cuando se trata de su estilo como vendedor.

1. El extrovertido interesante
2. El introvertido interesado

Los extrovertidos interesantes es en lo primero que piensa la mayoría de consumidores cuando se trata de vendedores. Los extrovertidos son personas que dirigen su atención fuera de ellos mismos. Están cómodos siendo el alma de la fiesta y siempre tienen la mano dispuesta para tendérsela a un desconocido. Es el tipo de personas a las que solemos referirnos calificándolas de desmedidas.

En la parte más moderada del espectro, los extrovertidos interesantes son cálidos y cordiales, siempre deseosos de conocer gente nueva.

Alguien que no comprenda los matices más significativos de la venta le diría al extrovertido interesante que tiene una aptitud natural para la venta debido a su «labia», o capacidad de hablar y hablar y hablar. Por si no te habías dado cuenta todavía, la venta profesional no es sólo charla. Cuando hablamos, sólo cubrimos una información que ya conocemos. Aunque es importante conocer el producto y compartir ese conocimiento, escuchar es incluso más fundamental para la venta.

Pero, ¿qué escuchamos? Las voces de nuestros posibles clientes cuando responden a nuestras preguntas calificadoras. Sus respuestas nos ayudan a determinar qué decirles sobre nuestro producto, qué rasgos satisfarán sus necesidades y les proporcionarán la solución que buscan. Veremos la cuestión de las preguntas calificadoras más a fondo en el capítulo 7. Por el momento, hablemos de las desventajas de ser demasiado extrovertido en las ventas.

A los extrovertidos interesantes en grado extremo les encanta controlar la conversación y escucharse a sí mismos. Aunque tener el control de la situación de venta es importante, si eres un extrovertido será preciso que seas plenamente consciente de cuánto hablas, comparado con cuánto escuchas. Los extrovertidos también tienden a estar tan focalizados en lo que van a decir que no siempre se mantienen centrados en lo que el cliente potencial está diciendo. Si tienes esta costumbre, te perderás muchos matices y, quizás, alguna información clave que el cliente se siente impulsado a transmitirte. Si tiene la impresión de que no lo escuchas, dejará de hablar y, probablemente, interrumpirá el proceso de la venta por completo.

Los extrovertidos que quieran tener éxito en las ventas deben inclinarse más hacia el aspecto conservador de las cosas y trabajar para conseguir un estilo de venta cálido y cordial. Invita a los clientes a tu salón de exposición o a tus oficinas. Haz que se sientan cómodos y consigue que hablen de lo que necesitan.

Una cosa más sobre los extrovertidos: en sus presentaciones y demostraciones les gusta ser la estrella. Esto te costará tantas ventas que la cabeza te dará vueltas de tanto preguntarte qué ha pasado. La estrella de cualquier presentación debe ser siempre el producto. El producto es como un cachorro al que van a dar en adopción. No lo coges y hablas de lo fantástico que es; dejas que el posible comprador lo coja, lo huela y establezca una relación con él. Mientras lo hace, mantente en segundo plano; limítate a observarlo y guiarlo hasta su decisión.

Hablemos ahora del otro extremo del espectro; los introvertidos interesados que se dedican a la venta. Se podría pensar que los introvertidos no resultarán buenos vendedores, pero eso es un estereotipo caduco. En realidad, con frecuencia, a los introvertidos les va mejor que a los extrovertidos en las ventas. Sí, puede que se inclinen hacia una focalización más interna, pero debido a ello, comprenden mejor cómo funciona la mente de sus posibles clientes. Tienden a ser más empáticos que los extrovertidos de este mundo y la empatía tiene un papel clave en todas las situaciones de venta.

Los introvertidos pueden parecer un tanto humildes o tímidos. En casos extremos, este rasgo les impediría dedicarse profesionalmente a las ventas. No obstante, los mejores profesionales de este campo comprenden el poder de tener una actitud de servidumbre; de ser un humilde servidor de las necesidades de sus clientes.

Zig Ziglar, querido amigo y compañero en las tareas de formación, siempre dice: «Puedes tener todo lo que quieras en la vida, si ayudas a otros a conseguir lo que quieren». Esta es la actitud de servidumbre de que hablo; ayudar a otras personas a conseguir lo que quieren y necesitan.

Otro rasgo de los introvertidos que tienen éxito en la venta es que prefieren escuchar a hablar. No les importa ceder el control de la conversación. Dejan que los clientes hablen y hablen y hablen, y todo el tiempo van recogiendo la información que necesitan para guiar a los clientes hasta el producto o el servicio justos. Sirven como filtro, van eliminando toda la información superflua y seleccionan sólo las cosas que necesitan para determinar qué producto o servicio satisfará mejor las necesidades del cliente.

Piensa en dónde te situarías en una escala móvil con los extrovertidos interesantes en el extremo izquierdo y los introvertidos interesados en el derecho. ¿Cuáles de sus rasgos tienes? ¿Cuáles tendrías que desarrollar más a fondo? ¿Cómo piensas practicar este nuevo conjunto de conocimientos?

Si eres más bien del tipo extrovertido, haz un esfuerzo consciente para escuchar atentamente a tu interlocutor en la próxima conversación que tengas. Resístete al impulso de interrumpir su historia con comentarios. Si alguien te cuenta cómo le fue el día, escucha y comenta sólo su jornada. No cambies la conversación para hablar de cómo te fue el día a ti o cómo habrías hecho tú las cosas de otra manera. Esto puede ser todo un reto para el extrovertido extremo, pero cuanto más te acerques al centro de la balanza, más aumentarán tus ventas.

Si eres un introvertido, te interesa esforzarte por mantener el contacto visual con los clientes, sonreír más y utilizar el lenguaje corporal para mostrar que estás prestando atención. Asiente con la cabeza. Toma notas. Inclínate hacia delante mientras escuchas atentamente. Estos mensajes del lenguaje corporal harán que tu cliente potencial siga hablando, porque logras que se sienta mucho más comunicativo. Debido a tu interés, querrá decirte más cosas.

Rasgos de los mejores profesionales de la venta

> Preocúpate más de tu carácter que de tu reputación porque tu carácter es lo que eres realmente, mientras que tu reputación sólo es lo que los otros creen que eres.
>
> JOHN WOODEN, ex entrenador de baloncesto de UCLA

Ahora que nos hemos ocupado de tu estilo básico como vendedor, vamos a entrar en los rasgos y características de los mejores profesionales de la venta.

1. Los vendedores tienen una misión. Los mejores de cualquier campo trabajan para conseguir algo que está más allá de las recompensas económicas. Tienen que demostrarle algo a alguien, aunque ese alguien sea ellos mismos. Es posible que les haya inspirado un éxito ejemplar de una persona. O que hayan encontrado un mentor que ve en ellos algo más de lo que ellos mismos ven. Algunos están motivados para triunfar simplemente porque, en una ocasión, alguien les dijo que eran vulgares y corrientes y eso les impulsó a querer ser diferentes, a ser más, a hacer algo inesperado que los diferenciara como algo único. Hay otros que trabajan para una causa mayor y creen que la profesión de vendedor es un medio para alcanzar un fin.

Estos vendedores de primera comprenden y aprecian el valor de la frase que enseño al final de mis seminarios de formación de ventas. «Me comprometo a *aprender más* para poder *servir más*. Así, *ganaré más* para aumentar mi valor económico neto *ahorrando más*. Entonces llegaré a la meta como campeón y podré *dar más*.»

No importa si la parte de «dar más» significa dar a la familia o a los seres queridos o dar al bien mayor de la humanidad o salvar el planeta. Tener un propósito es lo que nos mantiene en marcha cuando esa marcha se vuelve difícil, como no puede menos de suceder en esta profesión de la venta, tan ardua pero también tan gratificante.

¿Qué te motiva? ¿Qué te hace levantar de la cama cada mañana y hacer lo que haces? Si la respuesta es «proveer para mi familia», estupendo. No obstante, dado que somos seres motivados interiormente, ¿qué sacas de proveer para tu familia? ¿Es un sentimiento de honor y logro? ¿Te gusta de verdad lo que haces? ¿O es sólo para pagar las facturas? ¿Crees que servir a otros es gratificante más allá de los aspectos económicos? ¿Amas lo que vendes?

Si no has respondido afirmativamente a muchas de estas preguntas, quizá tendrías que pensar en cambiar el producto o servicio que vendes. Ya cuentas con unas aptitudes decentes para la venta y uno de los máximos beneficios de aprender a vender es que esos conocimientos son transferibles.

Es asombroso lo que sucede cuando representas un producto que amas y en el que crees de verdad. Los demás te compran basándose más en tu propia opinión y convicción sobre el producto que en tu rutinaria entrega de información sobre el mismo. Si no estás convencido de que tu producto sea algo tan maravilloso que lo tienes tú mismo (o lo tendrías si pudieras permitírtelo) y harías que lo tuvieran tus padres y tu abuela, esto se notará en tu actitud durante la presentación a tus posibles clientes. Algo en tu manera de expresarte les parecerá mal. Quizá no sea nada que digas ni tu inflexión de voz, sino algo más sutil. Los consumidores expertos percibirán tus vibraciones y quizá decidan ver qué otras ofertas hay. No buscarán necesariamente otro producto, sino un vendedor diferente, que crea sinceramente en el producto y que consiga que a ellos también les entusiasme.

2. Los profesionales de la venta dan gran importancia a los detalles. Les prestan mucha atención y actúan como una empresa. La desorganización es un enorme obstáculo para la venta. Ahora, dedica un momento a mirar tu mesa, tu maletín, a ver cómo están dispuestos tus archivos en el ordenador. ¿Está todo bien organizado? ¿Puedes localizar la información pertinente de los productos con un clic del ratón? ¿Puedes encontrar fácilmente información de contacto completa de todos y cada uno de tus clientes? ¿Tienes unos archivos organizados? ¿Todo el papeleo está completo? ¿Controlas los datos estadísticos de las ventas o dependes de un jefe que lo hace? ¿Eres un acumulador? ¿Tienes por todas partes revistas del sector o folletos de nuevos productos que todavía no has mirado? ¿Utilizas un calendario para planificar las actividades, más allá de las entrevistas con los clientes o las reuniones de ventas?

Si no estás bien organizado, empieza hoy mismo a ocuparte de los detalles tal como deberías hacerlo. No dejes las cosas para otro día porque revisar todos tus archivos es una tarea abrumadora. Empieza a hacerlo bien a partir de hoy. Luego, en tu calendario semanal, reserva un espacio de veinte a treinta minutos para «organizar». Durante ese tiempo, pon al día la información de contacto con tus clientes, completa el papeleo y lee por lo menos un artículo de revista o una información sobre tu sector o producto.

Nota: No te dediques al papeleo ni a ninguna actividad de organización durante las horas de más venta. Prográmalo para un momento del día en que no sea posible acceder a tus clientes.

Aunque trabajes para una compañía, tienes que actuar como si fueras una empresa unipersonal. No dejes de preguntarte: «¿Querría hacer negocios conmigo?» Cuando la respuesta no sea un tajante «sí», piensa en qué mejoras es preciso hacer y dedica tiempo a trabajar en ellas.

Es raro que una empresa establecida pueda hacer grandes cambios de la noche a la mañana. Lo mismo puede decirse de ti. Pero si te esfuerzas diligentemente por mejorar de una forma programada y regular, pronto averiguarás que llevar un negocio es más fácil y más efectivo y descubrirás que puedes hacer más.

3. Los profesionales de las ventas son muy empáticos y están muy focalizados en las necesidades potenciales del cliente. Me parece que son muy pocos los vendedores que comprenden realmente el poder de la empatía. Según su definición, es la capacidad de comprender los sentimientos del otro. Es la habilidad proverbial de recorrer un largo camino con los zapatos del prójimo, pero sin sufrir necesariamente sus ampollas. Es diferente de la simpatía, porque cuando sientes simpatía hacia la situación de otra persona, eso te afecta física y emocionalmente, tal como le sucede a ese otro. En el caso de la empatía, sigues siendo quien eres, en tu propio estado emocional. Tienes la capacidad de comprender sus temores, sus necesidades y sus preocupaciones, pero sin experimentarlas tú mismo.

Cuando sigues los pasos necesarios para vender de una manera empática, te es posible ayudar a tus posibles clientes a imaginar cómo pueden ir desde donde están hasta donde quieren estar mediante tu producto o servicio. No eres una fuerza externa que intenta actuar sobre ellos. Antes bien, ves sus problemas a través de sus ojos y les ayudas a ver tu solución a través de esos mismos ojos. Les ayudas con la respuesta a la pregunta natural e interesada que todos nos hacemos: «¿Y yo qué saco con eso?»

Cuando impartía cursos de formación, principalmente en el sector inmobiliario, les decía a los agentes que no interfirieran y que vendieran las propiedades a través de los ojos del comprador. Un ejemplo que usaba para enseñar una propiedad era que nunca había que entrar en una habitación antes que el posible comprador. El razonamiento era que al comprador le interesaba la casa, no el vendedor. Debía ver la casa como lo haría si viviera allí y, a menos que el agente tuviera la intención de mudarse allí con sus clientes, no debería ser lo primero que los compradores vieran en cada estancia. Debían descubrir las características y beneficios de una casa con sus propios ojos, no con los ojos de un agente inmobiliario que fuera diciéndoles cosas como: «Este es el comedor» y «el dormitorio principal es fantástico». Es posible que la gente que recorre la casa «vea» el comedor como despacho. Quizá no estén de acuerdo contigo en que la habitación sea fantástica. Puede que hayan visto algo más bonito.

Si trabajas para desarrollar tu empatía y tu capacidad para ver la situación con los ojos del comprador, lo guiarás mejor (y más rápidamente) hasta la mejor solución de sus necesidades, mientras él se dice constantemente: «¡Lo entiende! ¡Está en total sintonía con lo que yo necesito!»

Para desarrollar tu empatía empieza con tus amigos o tus seres queridos. Piensa en situaciones en que has logrado ver las cosas desde su punto de vista. Si no se te ocurre nada, prueba a ponerte en su lugar en una situación en la que estén inmersos actualmente. No los juzgues. Sólo piensa en cómo deben de sentirse y adopta conscientemente el papel de una tercera parte no involucrada. Si fueras alguien de fuera que considerara su situación, que comprendiera cómo se sienten, ¿qué consejo les darías? Sin embargo, ten cuidado y no les des ningún consejo, a menos que te lo pidan. Pero, sé consciente de que en una situación de ventas, los posibles clientes hablan contigo debido a tu reputación o a la descripción de tu puesto de trabajo que dice que eres un experto en tu campo. En este caso, solicitan tus conocimientos.

La venta no tiene que ver con lo que quieres vender. Tiene que ver con lo que tu cliente potencial quiere comprar. Así pues, debes estar atento a lo que dice y hace, y a cómo explica la situación que lo ha convencido para que hable contigo. Comprende su frustración al no tener, ser o hacer lo que sea que tu producto o servicio le ayudará a tener, ser o hacer.

No sigas un camino trillado con una demostración o presentación rutinaria de tu oferta. Escucha cuál es la máxima frustración del cliente. Muéstrale que tu producto tiene una respuesta para esa necesidad. Luego, háblale de otras características o beneficios, en el orden que el cliente quiere oírlos. Esto no sólo hará que tu presentación sea mejor, sino que, si cambias las cosas de vez en cuando, hará que sea más interesante para ti.

4. Los profesionales de la venta se orientan a alcanzar una meta. Han anotado quién quieren ser y qué quieren tener y hacer en los próximos treinta, sesenta o noventa días. También se han fijado unos objetivos anuales de ventas y otros para el lugar donde la familia pasará las próximas vacaciones. Saben cuál quieren que sea su próximo vehículo. Saben a cuántos clientes quieren servir este año y en qué fecha piensan retirarse.

¿Cómo alcanzas tus metas? Las divides en tramos y partes manejables. Luego las pones en tu lista de «cosas que hacer» y reservas tiempo, en tu calendario, para hacerlas realidad. Cuando comprendas que la actividad genera productividad, no tardarás en estar en camino de alcanzar todas las metas que se te ocurra fijarte.

Aquí tienes una pequeña lista de actividades que deberías hacer de forma regular, si quieres crecer y tener éxito en las ventas:

- Identificar nuevos clientes
- Tomar contacto «en frío» para nuevos negocios
- Organizar/confirmar reuniones
- Preparar presentaciones
- Ofrecer presentaciones

- Cerrar ventas
- Enviar notas de agradecimiento
- Hacer llamadas de seguimiento
- Atender a las cuentas
- Ocuparte del papeleo/los informes internos
- Pedir referencias
- Recibir referencias
- Enviar información (correo electrónico, correo postal o fax)

No se trata de tareas inútiles. Son exactamente lo contrario. Si eres la clase de persona a la que le gusta tener una imagen visual de lo activa que es, visita mi página web: http://www.tomhopkins.com/. En nuestra página de Free Resources (Recursos gratuitos), ofrecemos una copia para imprimir de un Daily Activity Graph (Gráfico de actividad diaria) de muy baja tecnología. Úsalo y pronto descubrirás que tu actividad equivale a mucho nuevo negocio.

5. Los profesionales de la venta tienen un plan de seguimiento y mantienen activa la comunicación. Cada uno de tus clientes debería recibir noticias tuyas por lo menos seis veces al año. ¿Ya lo haces? ¿Cuándo fue la última vez que conectaste con cada uno de tus clientes? Si hace más de sesenta días, te estás quedando rezagado. Reserva una mañana o un final de la tarde durante la próxima semana para llamar a tus clientes. No es necesario que les vendas nada ni creas que los molestas. Simplemente, llama y di: «John, soy Bob Martin, de Acme Products. Pensaba en ti esta mañana y quería comprobar si sigues contento con el nivel de servicio que proporcionamos. Si tienes cualquier

pregunta o hay algo que te interese (en nuestro producto/servicio), por favor, dímelo». ¿Ves lo fácil que es? Si el cliente contesta el teléfono, podrías preguntárselo de viva voz. Si no lo hace, deja el mismo mensaje en el buzón de voz, pero acompáñalo con «Si quieres hablar conmigo, puedes llamarme al (número de teléfono) los días laborales, entre las nueve y las doce».

Cuando tengas una larga lista de clientes con quienes contactar, prueba a hacer las llamadas a última hora de la tarde, cuando sabes que ya han cerrado. Tu objetivo es dejar un mensaje en el buzón de voz o en el contestador automático. Podrás dejar el mensaje completo, sin necesidad de dedicar tiempo a hablar con cada persona en ese momento. Puedes llegar a muchas personas en un periodo de tiempo relativamente corto y, como mínimo, hacerles saber que estás tratando de comunicarte con ellos. Más tarde, cuando puedas reservar más tiempo en tu calendario, acostúmbrate a organizar un contacto más largo con cada cliente, sea por teléfono o en persona.

Alterna diferentes maneras de ponerte en contacto. No todas las comunicaciones tienen por qué hacerse por teléfono. Puedes enviar un *e-mail*, meter información en un sobre y enviarlo por correo o incluso mandar un mensaje amistoso, por fax, a tus clientes. Considera la posibilidad de utilizar un servicio que publique boletines sobre tu sector y enviárselos periódicamente a todos y cada uno de tus clientes. Hazles saber que quieres mantenerte en contacto y continuar teniéndolos al corriente sobre tu producto o sector con información que podrían encontrar útil.

Nota: Cuando envíes *e-mails*, ten en cuenta que pueden ser reenviados. Tú mismo sabes lo fácil que es... un clic... y el mensaje se envía a otros. ¡No mandes nada que no querrías que otros vieran!

Una de las cosas más fáciles de hacer y que, en tres años, ayudó a levantar mi negocio desde cero hasta ser un 98 por ciento por recomendación, fueros las notas manuscritas que enviaba a mis clientes de forma regular. De hecho, uno de los objetivos de mis actividades diarias era mandar diez notas de agradecimiento todos y cada uno de los días del año. Daba las gracias a las personas que acababa de conocer por el tiempo que habíamos compartido. Daba las gracias a los clientes por nuestra continuada relación comercial. Daba las gracias a las personas con quienes hacía negocios por su magnífico servicio. Enviaba notas de agradecimiento en los aniversarios, y notas por contestar a mi llamada. Enviaba notas de agradecimiento por la oportunidad de presentarles mi oferta (aunque no hubieran comprado).

Se podría creer que estaba un tanto obsesionado, pero la prueba está en los resultados. ¡Dio resultado! Cuando cualquiera de las personas a las que enviaba notas quería saber algo del mercado inmobiliario, se acordaban de mi nombre y me llamaban. Tenían muchas tarjetas de visita mías, porque incluía una con cada nota.

Ahora, se puede automatizar ese tipo de mensajes a los clientes a través de un servicio online como SendOutCards. Consume mucho menos tiempo que como yo lo hacía, pero es igual de efectivo. Hay información sobre este tema en mi página web.

Si no confías en tu habilidad para escribir una nota de agradecimiento eficaz, en mi página web encontrarás la redacción que mis alumnos y yo usamos desde hace años. (En la página 285 encontrarás la dirección).

6. Los profesionales de la venta solucionan los problemas sin demora. Esto incluye devolver las llamadas lo más rápidamente posible, para averiguar los detalles de lo que causó el problema y buscar ideas creativas para solucionarlo. Nadie quiere enfrentarse a un cliente enfadado. Sin embargo, retrasar la respuesta a un conflicto sólo creará más conflictos posteriormente. No creas que tienes que haber dado con la solución antes de ponerte en contacto con ellos. Piensa en cómo te sientes cuando estás descontento por algo. ¿No es mejor cuando alguien te devuelve rápidamente la llamada sea para conocer los detalles o simplemente para oírte despotricar? Una vez que la calma y la claridad reinan de nuevo, se pueden buscar y ofrecer soluciones. Cuanto mejor seas solucionando los inevitables problemas asociados con la venta, más crecerá tu negocio... por las referencias que darán de ti. Puedes apostar que John y Sally le contarán a todo el mundo el problema que han tenido. ¿No te parece sensato hacer que su historia tenga un final feliz?

Aunque no puedas solucionar por completo o de inmediato el problema de un cliente descontento, sigue en contacto con él hasta que quede satisfecho o esté dispuesto a seguir adelante... y mantener su relación contigo.

7. Los profesionales de la venta se presentan, en todo momento, con una actitud calmada, humilde y competente. Nadie quiere comprar a alguien con altibajos emocionales, físicos o económicos. No importa si estás en la cima de tu negocio y estás ganando más esta semana de lo que ganaste durante todo el mes pasado ni si estás tocando fondo y no sabes de dónde vendrá el próximo cliente. Nadie, excepto tú, tu supervisor inmediato y tus seres queridos, debería poder darse cuenta de que tienes problemas.

A menos que sean comprensivos en extremo, a los clientes no les importa qué día, semana o mes estás teniendo. Vamos, en algunos casos de la venta al menor, ni siquiera les importa saber cómo te llamas.

De todos modos, los habitantes del planeta son intuitivos. Reciben vibraciones o matices en todas las situaciones. Algunas personas son más conscientes de esto que otras. Unas sólo sentirán una mala reacción visceral ante ti, tu producto o tu empresa y no querrán hacer negocios contigo.

Tu objetivo como uno de los mejores profesionales de ventas es transmitir la imagen de persona positiva, competente y calmada, lo cual garantiza a tus posibles clientes que es sensato que hablen contigo... que es sensato que consideren la posibilidad de trabajar con tu producto... y que es sensato que tomen una decisión hoy, con independencia de lo que esté pasando en tu vida personal o profesional.

Cuando piensas en «sensatez», ¿no te produce una sensación de calma y tranquilidad? Esto es lo que quieres transmitir a todos los que entran en contacto contigo... que es sensato que se ocupen de esta decisión de compra en particular, en este momento preciso. Si estás preocupado por la última llamada telefónica de tu cónyuge o por la cuota de ventas que no cumples o por lo siguiente que tienes que hacer después de la reunión con estas personas, no lo conseguirás.

Vayamos al campo de la medicina para tener un buen ejemplo. Si tienes un buen médico, cuando estás con él, tienes la impresión de que eres el paciente más importante del mundo. Tanto tú como él sabéis que hay una sala de espera llena de gente que tiene necesidad de sus conocimientos, pero durante esos pocos minutos en que estáis juntos y solos en la habitación, él está totalmente centrado en ti. Escucha tranquilamente tu letanía de síntomas. Puede que asienta con la cabeza, comprensivamente. Es probable que tome notas y haga preguntas. Esto hace que te sientas importante.

No da la impresión de ser arrogante, debido a sus superiores conocimientos médicos; más bien parece ser un gran consejero que trata sinceramente de hacer que te sientas mejor. No se te ocurre preguntarte si tiene un mal día, si su vida familiar es estable o si su trabajo pasa por un mal momento. Nunca se te ocurre que pueda estar pasándole algo que afecte a su buen juicio para evaluar tu actual enfermedad. Esto es debido a que es un profesional preparado y competente.

Esto mismo deberías hacer tú con todos y cada uno de tus clientes. Cuando haces que se sientan importantes y les ayudas a tomar decisiones sensatas, cllos querrán ayudarte a su vez, esperemos que sea dando buenas referencias profesionales de ti y, mejor todavía, comprando tus productos de nuevo.

Nota: Si durante la conversación surge algo para lo que no tienes respuesta, no te limites a pasarlo por alto o a inventarte cualquier cosa (una fuerte tendencia en los vendedores estereotipo). Diles a tus clientes que quieres «verificar esa información». Luego, llama a tu director o a otro vendedor y confirma la respuesta. Demostrar el deseo de ser preciso es muy importante para establecer tu competencia entre los clientes.

¿Qué tal tu ego?

Una vez que empieces a alcanzar el éxito en tu puesto de ventas, otros empezaran a fijarse en ti. Por supuesto, recibirás el reconocimiento de tu jefe de ventas por un trabajo bien hecho. Además, también podrías llamar la atención de la alta dirección. De cara al ego, es fabuloso cuando unos ejecutivos muy ocupados, con títulos impresionantes empiezan a hablar contigo sobre el fantástico trabajo que estás haciendo. También tus compañeros te estarán observando. ¿Cómo responderás a toda esta nueva atención?

Los vendedores responden a nuevos niveles de éxito y a la notoriedad que los acompaña de cuatro maneras básicas. Algunos son, fundamentalmente, personas humildes a las que no les gusta ser objeto de tanta atención. Cuando los feliciten, dirán poco o nada y desearán con todas sus fuerzas que se los trague la tierra y nadie se ocupe de ellos.

Está bien ser modesto, pero tus éxitos futuros dependerán de que aprendas a manejar el éxito de hoy. Bien, digamos que te sientes incómodo aceptando los elogios y el reconocimiento. Si deseas continuar en la venta y que te vaya bien, tienes que aprender a entender esos elogios y ese reconocimiento como gajes del oficio. Es estupendo ser humilde, pero no tanto que no te permitas aceptar las alabanzas bien merecidas de los demás y reconocer tú mismo que te las has ganado. Deja que los efectos de este nuevo logro sigan su curso y aumenten tu nivel de confianza en ti mismo. Bien mirado, la autoconfianza aumenta la competencia y la competencia aumenta las ventas.

Oblígate, si tienes que hacerlo, a dar un paso adelante y aceptar el reconocimiento con elegancia. Aprende de otros a los que hayas visto aceptar el reconocimiento y las recompensas, incluso si es en la concesión de los Oscars de la Academia.

Todos hemos visto a actores y actrices, directores y escritores subir al escenario ante millones de personas y hacer el ridículo más absoluto. Tú no quieres hacer lo mismo, ¿verdad? Claro que no. Así que observa atentamente a aquellos cuyas palabras de aceptación te hacen sentir bien y se ganan tu respeto. Estúdialas y aprende a dar las gracias con su estilo. Utiliza sus palabras, si tienes que hacerlo. Sin embargo, permíteme una advertencia: No trates de emplear lo que ha dicho alguien de tu misma empresa. Sé más creativo, aunque tomes prestadas tus palabras de alguien de fuera de la empresa.

Otro tipo de vendedor aceptará el reconocimiento ganado por un éxito, pero le quitará importancia diciendo: «Podría haber sido mejor». O «Podría haber superado aquel récord si...» Estas personas desean tanto alcanzar un cierto nivel en el futuro que nunca se permiten estar contentas con el presente momento de gloria. Si eres una de ellas, te digo: «Haz una pausa y huele las rosas». Si no puedes tomarte un momento para sentarte y disfrutar del placer de haber logrado alguna proeza en la venta, te estás cavando tu propia tumba, debido al estrés y a que finalmente te quemarás. Por el momento, por favor, comprende que si siempre fijas la mirada en algún punto del futuro para ser feliz, te perderás muchas cosas estupendas que pasan hoy a tu alrededor.

Es magnífico tener metas y te recomiendo encarecidamente que pienses en tu siguiente nivel de objetivos, si todavía no te los has fijado, antes de alcanzar tu actual nivel. Pero no olvides nunca concederte tiempo para aceptar y disfrutar de las recompensas de cada objetivo que alcances. Si no hay tiempo para el disfrute, ¿para qué esforzarte tanto en alcanzar la meta?

Hay un tercer tipo de vendedor que espero que nunca llegues a ser, porque su actitud sólo conduce a la infelicidad y la ruina. Se trata del vendedor que, al recibir las alabanzas y elogios que vienen con los éxitos, se convierte en ególatra. Si empiezas a pensar que eres un mago de las ventas y el tío más fabuloso que tu empresa ha visto nunca, ¿crees que los elogios durarán mucho? Seguramente no. Está bien que te des unas palmaditas en la espalda por haber conseguido una venta difícil o por ganar un concurso, pero no tardes mucho en volver a la realidad. Mira, si empiezas a creer que eres tan bueno vendiendo que ya no tienes que trabajar para lograrlo, pronto descubrirás que ya no trabajas; estás buscando otro empleo.

El cuarto tipo de vendedor es el ideal. Me encantaría que te convirtieras en él. Cuando seas un vendedor de primer nivel, acepta el honor con elegancia. Dales las gracias a todos los que, dentro de la empresa, te han ayudado a alcanzar esa posición. Al César lo que es del

César. Tienes que estar dispuesto a compartir tus experiencias. Si una nueva estrategia o técnica dio buen resultado para tu producto, muéstrate dispuesto a explicársela al resto del equipo de ventas... cuando te lo pidan.

Si no te preguntan y tratas de ofrecerles tus mejores ideas, muchos vendedores corrientes permitirán que su ego se interponga. No aceptarán ayuda porque eso sería admitir que no son tan buenos como tú. Nadie quiere reconocer, nunca, que es menos que otro, así que ten cuidado en cómo ofreces ayuda. Quizá te convenga compartir una idea, pero como sin darle importancia. No trates de fundar la «Escuela Joe Campeón de Técnicas de Venta». En cualquier caso, otros miembros de tu equipo que se toman en serio su profesión de vendedores acudirán a ti, de forma individual, y te pedirán ideas o ayuda. Préstales toda la ayuda que puedas, sin que sea en perjuicio del tiempo que pasas con los clientes. Bien mirado, no podrás mantenerte en la cima, si no sales ahí fuera y sirves bien a tus clientes.

Recuerda que cualquier reconocimiento que ganes en tu profesión de vendedor es un elogio que recibes por atender a las necesidades de otros. La palabra clave es *servir*. Durante muchos años he enseñado que, en la venta, los ingresos son un reflejo directo de nuestra capacidad para servir a los clientes. No lo olvides. No dejes que tu ego alcance unas proporciones tan desmesuradas que interfiera con el nivel de servicio que ofreces. Esto me recuerda un mensaje que alguien me envió hace unos años, para que lo compartiera con mis alumnos. Se llama «Oración del Vendedor». Dice así: «Señor, protégeme de mi propio ego».

Debes tener siempre, como mínimo, tanto interés en tus clientes como tienes en ti mismo. Si tu actitud se vuelve demasiado arrogante para ellos, pronto te quedarás sin ningún cliente. Para mantener tu ego bajo control, piensa siempre en los clientes como personas a las que sirves.

Tu fama en la oficina

Si tus ventas suben rápidamente y con fuerza, hay otro aspecto que debes tener en cuenta: ¿Cómo encajarán tus compañeros la atención que recibes? Se dice que los amigos pueden soportarlo todo menos tu éxito. Más de mil años atrás, se identificaba la envidia con el cuarto pecado mortal. La envidia es maliciosa y casi universal. Si a tus amigos les cuesta aceptar tu éxito, ¿cómo lo soportará la gente de la oficina?

En buena parte, la manera en que acepten tu éxito dependerá de cómo tú aceptes el éxito de otros. Piensa en ello un momento. Sé que suena demasiado a regla de oro, pero si tratas a los demás con admiración y respeto por sus éxitos, es probable que te traten de la misma manera cuando tú tengas éxito.

Si otros se sienten amenazados por tu triunfo, ¿cómo lo expresarán? De forma sutil, porque no pueden admitir, ni siquiera ante ellos mismos, que no les gustas sólo porque te va mejor que a ellos. Pero es posible que percibas su desaprobación, su frialdad y su envidia.

Por supuesto, los miembros más maduros del equipo serán los primeros en felicitarte y desearte un éxito continuado. No obstante, y es lamentable, pero el mundo del trabajo no está lleno de personas maduras y competentes. En este mundo hay gente para todo y sólo hay un tipo ideal de persona. Es preciso reconocer y tratar con las otras personalidades, que no alcanzan a ser ideales.

¿Qué puedes hacer con los que no se sienten felices con tu éxito y el reconocimiento que recibes? La clave es deshacerte de la idea de que necesitas su aprobación. Si ansías la aprobación de quienes te rodean, te condenas a su nivel de mediocridad. Sin darte cuenta, limitarás tus esfuerzos para vender, a fin de no disgustar a tus compañeros, lo cual significa que encaminas tu carrera profesional en la misma dirección que ellos. Para la mayoría de vendedores del mundo, esa dirección no está muy arriba en la escala de los logros.

Tienes que elegir. ¿Estás dispuesto a sacrificar tu futuro para conseguir que tus compañeros vendedores te saluden con un «Hola» más cálido por la mañana? Probablemente no. La mejor manera de tratar con esas personas es seguir siendo tan positivo y cordial como siempre lo has sido. No reacciones visiblemente a cualquier pulla o comentario que hagan. Tómatelo todo con una sonrisa. Eso los anulará. Con el tiempo, la diversión de atacar al mejor perderá interés y te dejarán en paz.

Si no eres el mejor vendedor, en lugar de unirte a las personas negativas de la oficina y condenar a los mejores, deberías observarlos de cerca y aprender de ellos para poder alcanzar la altura a la que ellos han llegado.

¿Cómo encajas una fuerte caída en las ventas?

Hemos hablado de las situaciones en que tienes un éxito increíble, y esperamos que, con lo que aprendas de nosotros y de otras fuentes, este sea el caso, casi siempre. Pero, ¿qué pasa cuando los resultados que consigues son increíbles, pero en sentido contrario? ¿Cómo actuarás entonces? El primer paso es buscar un espejo. Mírate a los ojos y pregúntate:«¿Estoy teniendo unas malas ventas porque no sirvo a suficientes clientes o no sirvo bastante bien a los clientes que tengo?»

Para algunos vendedores, lo más difícil del mundo es admitir que todo se reduce a esa cara del espejo. Se llama rendir cuentas y puede ser una experiencia muy humillante (en especial si no eres ya un humilde introvertido interesado).

Si estás utilizando el gráfico de actividad diaria que he mencionado antes o algún otro sistema para contrastar tu actividad con la productividad, verás que se avecina una caída de ventas mucho antes de que llegue y podrás tomar medidas para prevenirla o, por lo menos, para amortiguar el golpe. Si se trata de un bajón que afecta a todo el sector, no te cogerá por sorpresa, si te has mantenido al tanto de lo que pasaba. También en este caso, deberías poder percibir las señales de alarma y tomar las medidas que favorezcan tanto a los intereses de tus clientes como a los tuyos propios.

El máximo error que puedes cometer es culpar, totalmente, de la caída de las ventas, a un mercado en recesión, a una prensa negativa o a cualquier otra cosa. ¿Por qué? Porque cuando culpas a alguien o algo externo a ti, te ofreces una excusa y evitas la responsabilidad por algo que sólo tú puedes arreglar. Te sitúas en una posición negativa. Te permites regodearte en la autocompasión o ensimismarte en lo que está mal, en lugar de trabajar para conseguir algo positivo, bueno y justo... una solución.

Culparte por toda la caída de las ventas puede ser una equivocación igualmente importante, a menos que seas el único en la empresa que la sufre. Los mercados fluctúan. La competencia crea productos mejores o tecnologías nuevas más rápidamente que vosotros. Los consumidores no siempre serán fieles a tu marca.

Si el mercado en su conjunto ha caído, es hora de aplicar tácticas de venta creativas. Si el mercado está bien, pero tus ventas bajan, es hora de volver a los fundamentos de la venta y llevar tus conocimientos a un nuevo nivel de servicio.

Cambiar de táctica

Cuando llega el momento de pensar y actuar de forma creativa para conseguir nuevos clientes o para lograr que los actuales compren más, ayuda muchísimo seguir siendo positivo. No digo que te pongas unas gafas de color de rosa y trates de ignorar el hecho de que te enfrentas a un problema. Lo que digo es que busques el lado positivo de todo. Todas las cosas de la naturaleza tienen un igual y un contrario: arriba/abajo, derecha/izquierda, dentro/fuera, etcétera. El uno no puede existir sin el otro. Así pues, si ves muchas cosas negativas a tu alrededor, tiene sentido esperar que también las haya positivas.

Si tus clientes más importantes te pasan pedidos más pequeños o con menos frecuencia, es probable que estén pasando los mismos apuros que tú. En lugar de preocuparte por su próximo pedido, piensa en cómo puedes ayudarlos para que les vaya mejor. Como profesional de la venta, te encuentras con más personas de diferentes empresas, en un mes, que el empleado medio de una compañía encuentra en un año. Piensa en lo que la Empresa A está haciendo para sobrevivir a los actuales problemas del mercado y considera si es algo que también podría beneficiar a la Empresa B. Sobra decir que no se trata de que difundas información entre empresas competidoras, sino que, cuando sea apropiado, seas una guía de referencia ambulante para todos tus clientes. No sólo te darán las gracias verbalmente por la información, además te lo agradecerán haciéndote pedidos.

Si no tienes que dedicar todo tu tiempo a atender a tus clientes más importantes, porque han reducido sus compras, dedícales más a tus cuentas más pequeñas. Es posible que aprecien esa atención añadida y podrías descubrir nuevas vías de entrada a la venta al aumentar tu negocio con ellas o a través de las referencias que no te habían dado antes (cuando no les ofrecías tu nivel más alto de servicio).

Reserva tiempo en tu programa semanal para acercarte a posibles nuevos clientes (es decir a prospectar). Puedes hacerlo por teléfono, por correo electrónico o por fax. Empieza examinando tu base actual de clientes. ¿Quién es tu cliente ideal? ¿Qué tipo de negocio tiene? ¿O sirves sobre todo a familias? Si se trata de familias, ¿son en su mayoría jóvenes, que justo empiezan a ser dueños de alguna propiedad y tener hijos? ¿O son un poco mayores y tienen otras necesidades?

Una vez que conozcas con claridad los datos demográficos de tus clientes ideales, busca alguien que pueda recomendarte a esas personas o sopesa la posibilidad de incorporarte a un grupo social (si es apropiado) donde puedas conocerlas. Si todavía no participas en las oportunidades que ofrece el trabajo en red, búscalas ahí mismo, en tu ciudad. Te sorprenderá averiguar que ya hay un grupo muy numeroso de personas, que se reúnen a la vuelta de la esquina, que te apoyarán y te facilitarán hacer negocios, una vez al mes o incluso con más frecuencia.

Volver a los fundamentos de la venta

Si eres tú y sólo tú quien sufre una caída de las ventas, es hora de que hagas una «formación de primavera» o «un campamento de formación pretemporada». Todos los atletas profesionales empiezan por el principio antes de cada temporada. Para empezar un nuevo periodo de ventas exitoso, es preciso que hagas lo mismo que ellos.

No es estrictamente necesario que vayas a ningún sitio, pero podría ser de ayuda que te apartaras de tu entorno cotidiano para concentrarte de nuevo en los fundamentos de la venta. Piensa en cuando eras nuevo en este campo. ¿Qué hacías cada día? Probablemente no mucho, comparado con tu actividad cuando estabas en el cénit de tu profesión. No obstante, los cimientos sentados entonces al ganar conocimiento del producto, hablar con otros a los que les iba mejor que a ti, asistir a reuniones y clases de formación y hacer miles de llamadas a posibles clientes prepararon el escenario para el crecimiento que vino a continuación. Dependiendo de lo profundo que sea el bajón de ventas, quizá no tengas que retroceder tanto, pero es una buena idea revisar tus actividades de entonces e incorporar algunas de ellas a tu programa actual.

Piensa en esa caída de ventas como una oportunidad para reconstruir. Los nuevos conocimientos que adquieras y la capacidad de recuperación que cultives para superar cualquier bajón te servirá de mucho durante el resto de tu carrera profesional.

Resumen

- Has convertido la venta en una afición. Tienes la antena puesta todo el tiempo, con el fin de captar nuevas ideas para vender con éxito.

- Conoces tu actual estilo de venta y tomas medidas para incorporar la combinación adecuada de introvertido y extrovertido a tu nuevo estilo, mejorado, de vender.

- Estás desarrollando los rasgos de los mejores profesionales de la venta.

- Tu ego está controlado. Puedes manejar tanto el éxito como la falta de éxito con la misma elegancia y carácter.

3

¿En qué etapa del ciclo está ahora tu negocio? (Y qué hacer al respecto)

Los que no pueden recordar el pasado están condenados a repetirlo.

George Santayana, filósofo español

Aunque no soy ningún genio de la economía, puedo hablar de mi propia experiencia, acumulada en varias décadas en los negocios. En todo el mundo, el ciclo económico pasa por muchas etapas. Las etapas que he observado tienden a seguir este modelo.

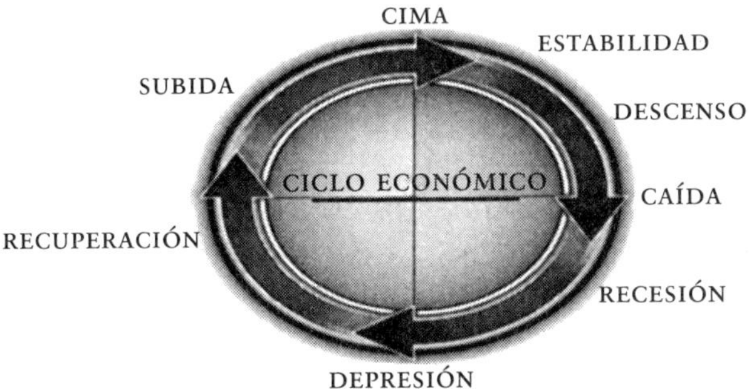

Dentro de cada etapa sólo pueden suceder tres cosas: (1) las cosas mejoran, (2) las cosas siguen igual, (3) las cosas empeoran.

No es ciencia espacial. Es un ciclo, un patrón, una estación. Hay estaciones en los negocios, igual que las hay en nuestra vida personal y en la naturaleza. En tanto que profesionales empeñados en triunfar en la vida, tanto en el plano profesional como en el personal, es preciso que comprendamos esto y sigamos el lema de los *boy scouts* de estar siempre listos. Cuanto más tiempo nos aferremos a un ciclo que está terminando por las razones que sean, más difícil nos resultará tener éxito en el siguiente. La razón de aferrarnos al pasado suele ser que no estamos preparados para el futuro. En algunos casos, no prestamos atención. Esto se tiene que acabar.

Veamos estas etapas con más detalle para que continúes teniendo éxito durante toda tu trayectoria como profesional de la venta.

Como soy una persona positiva en general, empezaré por la cima. Es el momento en que el negocio va bien. El índice de desempleo es bajo. Parece que, diariamente, se hacen avances en tecnología y en el mundo de la medicina, y el comercio mundial goza de buena salud.

Una de las afirmaciones más ciertas que conozco es: «También esto pasará». Que estés contento o triste, que el negocio vaya bien o mal, no importa. También esto pasará. Y si no comprendemos esta idea y la trabajamos, no tendremos tanto éxito como podríamos si actuáramos de otra manera.

En tanto que seres humanos, sólo podemos asimilar una cantidad dada de cosas nuevas, nuevas, nuevas. Se ha dicho que el ser humano típico necesita setenta y dos horas para absorber una idea nueva. Dado que son cientos, si no miles, las nuevas ideas y descubrimientos que tenemos al alcance de la mano cada día, tiene sentido pensar que, al final, necesitaremos dar un paso atrás para absorberlo todo. Es estonces cuando las cosas tienden a estabilizarse.

La mayoría de periodos de estabilidad que he vivido no han durado mucho, porque en cuanto los reconocemos, algo pasa. Alguien tiene una idea nueva para comercializar un viejo producto o para llegar a un nuevo mercado para ese producto. Un gran ejemplo de todo esto son los automóviles. ¿Sabías que la primera vez que los automóviles se comercializaron a gran escala sólo se ofrecían en un color? El negro.

Aquí tienes un pasaje que, sobre esto, aparece en Wikipedia:

Se dice que Henry Ford afirmó: «Todos los clientes pueden tener un coche del color que quieran, siempre que sea negro». En realidad, el Modelo T se produjo en diferentes colores desde 1908 a 1914 y, de nuevo, de 1926 a 1927. Se suele afirmar que Ford eligió el negro porque la pintura se secaba más rápidamente que otras pinturas de colores disponibles en aquel tiempo, y una pintura de secado más rápido le permitiría fabricar coches más deprisa, dado que no tendría que esperar tanto a que se secara.

Se usaban más de treinta tipos diferentes de

pintura negra en diferentes partes del Modelo T. Se formulaban para cumplir los requisitos de los diferentes medios de aplicarla en las diversas partes, y tenían tiempos de secado distintos, dependiendo de la parte, la pintura y el método de secado. Los documentos de ingeniería de Ford indican que se eligió el negro porque era barato y duradero.

¿Te imaginas dónde estaríamos hoy si se hubiera mantenido esa filosofía? ¿Y si todos hubiéramos aceptado «barato y duradero» como el estándar para todas nuestras pertenencias? Todos conduciríamos coches negros y vestiríamos tejidos y colores naturales. Probablemente, la idea de tejidos naturales es buena, pero dudo que muchos diseñadores de moda (o consumidores, si a eso vamos) optaran por usar sólo los colores naturales.

Si conoces a alguien que viviera la Gran Depresión de la década de 1930, quizá sepas que fueron los primeros recicladores, porque era lo único que conocían. Todo lo que no fuera barato y duradero era un despilfarro. Con mucha frecuencia, se descubrían usos nuevos para cosas viejas. Algunas de las lecciones aprendidas durante aquella época de vacas flacas se han aplicado de forma valiosa, pero, como muestra la cita que abre este capítulo, también estamos repitiendo errores del pasado.

Dejemos que las cosas se estabilicen un tiempo suficiente y que la gente empiece a sentir la comezón del cambio. En muchos casos, el cambio llega como un alivio bienvenido. Las personas y las empresas compran más y esto lleva a una subida del mercado. No obstante, algunas empresas hacen juicios erróneos al tratar de calmar la comezón y producen artículos productos de muy mala calidad, demasiados artículos o —debido a una mala investigación de mercado— un producto que pocas personas quieren comprar. En ese caso, el mercado se ve inundado de oferta.

Durante el cambio, se crearon nuevos empleos, se invirtió en equipamiento para producir los artículos, se gastó dinero en marketing y se crearon líneas de distribución. Cuando los almacenes están llenos y no hay suficiente demanda, esos sectores pasan a la siguiente etapa; el descenso.

> El éxito en la vida no viene de tener buenas cartas, sino de jugar bien con cartas malas.
>
> DENIS WAITLEY

Un descenso económico es el momento de dar un paso atrás y tomarte esas setenta y dos horas que mencionábamos antes para reevaluar tu posición en la economía. ¿Cuán sólida es tu situación económica personal? ¿Eres uno de los buenos en tu sector y te mantendrás a flote, si las cosas van a peor? Si no, ¿cuál es tu plan B? ¿Estás preparado para absorber más trabajo, si las cosas mejoran?

Recuerda, la venta es servicio. Si no estás preparado para servir a más clientes conforme mejoren las cosas, puedes ser la causa de tu propio descenso en los negocios. Si no tienes una lista de medidas de reducción del gasto que puedas aplicar si las cosas no mejoran (véase el capítulo 11), podrías dañar tus posibilidades de recuperación.

La siguiente etapa es la caída en picado. ¿Quién que esté en ventas no ha sufrido una? No muchos vendedores profesionales, eso seguro. Hemos hablado un poco de estas caídas en el capítulo 2, pero aquí vamos a definirlas realmente. Una caída es una súbita bajada de productividad. No importa si es tu propia productividad, la de tu empresa o la del sector. Se verá en tus propios resultados finales. Para salir de una situación así, hay cosas que puedes hacer personalmente y aconsejarles a otras personas de tu empresa.

Primero, reconoce que estás en una caída en picado. Esta puede ser la parte más difícil. La negación es corriente cuando nos enfrentamos a fenómenos desagradables, en especial a esos que afectan negativamente nuestra seguridad (es decir, D-I-N-E-R-O). Cuando las ventas bajan bruscamente, reconoce que estás cayendo en picado. A continuación, resuelve tomar medidas enérgicas que te permitan actuar para recuperar el terreno perdido.

Segundo, descubre el porqué de la caída. Si has llevado unos registros precisos, podrás ver, rápidamente, si la actual caída es debida a ti mismo (por no ser tan activo como antes) o está causada por una fuerza externa. Hasta que sepas con precisión lo que ha infectado tus resultados en ventas, no podrás aplicar la cura.

Tercero, planea cómo contrarrestar tu actual bajón. Si es personal y ves que has abandonado el hábito de prospectar, por ahí es por donde debes empezar. Puede que sea hora de indagar en algunos sistemas alternativos de prospección, como el trabajo online o a través de grupos de trabajo en red. Si el bajón es debido a que no sigues en contacto con clientes actuales y anteriores, es fácil de arreglar, aunque puede que tengas que tragarte el orgullo y reconocer ante algunos de ellos que has descuidado ocuparte de sus necesidades. Si proporcionas un producto de calidad, a un precio de mercado justo, la mayoría te perdonarán y seguirán contigo, siempre y cuando no te acostumbres a dejarlos de lado.

Si el bajón está causado por algo externo a la organización, empieza a hablar con tus colegas para averiguar qué está sucediendo. Echa una mirada a fondo a lo que estás o no estás haciendo para conservar tu cuota de mercado. Luego mira lo que está haciendo la competencia para alcanzar lo mismo. Las medidas que tienes que aplicar deberían ser flagrantemente obvias.

Si todos están padeciendo un descenso en el volumen de ventas, quizá tengas que ser creativo. Investiga en otros sectores que se mantienen o a los que les va bien. ¿Hay algunas ideas que puedas tomar de ellos y que podrías aplicar a tu negocio?

El cuarto paso en contra de la caída es pasar a la acción. No dediques tanto tiempo y esfuerzos a un análisis que las cosas harán inútil cuando llegue el siguiente nivel (la recesión) antes de hacer algo al respecto. Busca con diligencia la información que necesitas, pero empieza a actuar para salir del bajón lo más rápidamente posible.

La siguiente fase de nuestro ciclo de negocio es la recesión. Se define como la fase de contracción del ciclo, un periodo de actividad económica reducida.

Desde el año 1919, ha habido, por lo menos, dieciséis periodos de recesión, con una duración media de trece meses. No temas, aunque aquí vamos a examinar un tema no muy positivo, en el mismo periodo ha habido más de treinta ciclos de expansión.

Muchas de esas recesiones golpearon ciertos sectores más que otros. En los años setenta, hubo una crisis del petróleo. Se produjo una escasez de gasolina y había que hacer largas colas para llenar el depósito del vehículo. Los precios subieron un 150 por ciento.

A principios de los años ochenta, los altos tipos de interés de las hipotecas tuvieron un impacto negativo en el mercado inmobiliario y todo lo relacionado con él. En la misma época, también se vieron afectadas la fabricación de acero y la producción de automóviles.

A principios de la década de 1990, vimos el desplome del sector de los ahorros y los préstamos. A finales de la misma década, muchos de nosotros sufrimos el desbarajuste de las empresas punto com.

A principios de la década del 2000, en Estados Unidos muchas personas se beneficiaron de una burbuja económica. El mercado de la vivienda estaba en auge. Era más fácil que nunca conseguir una hipoteca. El índice de desempleo era bajo. La gente y las empresas consumían a un ritmo fenomenal. El mercado de valores alcanzaba nuevas cumbres. ¡Habían vuelto los días felices!

Entonces, hinchamos la burbuja sólo un poco demasiado para su propio bien, y estalló. El ciclo empezó a cambiar, el mercado empezó a reequilibrarse y muchas personas y empresas perdieron pie.

Se produjo algo interesante: una convergencia de ciclos. Verás, el sector inmobiliario funciona, aproximadamente, en ciclos de dieciocho años. Otros sectores lo hacen en ciclos de doce años. Y otros necesitan diez años para recorrer un ciclo. Algunos completan su ciclo en sólo cuatro años.

No soy matemático, pero hasta yo puedo ver que varios de estos sectores llegaron a la curva descendente de sus ciclos casi al mismo tiempo. Algunos se vieron fuertemente afectados por la política del momento, mientras que otros siguieron simplemente su curso normal. Si a esto le añadimos unas elecciones presidenciales, podemos hablar de incertidumbre hasta no poder más. En épocas así, como orador público, mi forma de abordar esta situación es decirles a todos que dejen de hablar sobre todo lo negativo y hagan algo positivo.

> Una vez que alguien cree que algo es verdad (tanto si lo es como si no), actúa como si lo fuera. Instintivamente, buscará reunir datos que apoyen su convicción, sin importar lo falsos que sean.
>
> ROBERT ANTHONY

Las recesiones, con independencia de lo importantes que sean o del tiempo que duren, tienden a crear incertidumbre y temor en la mente de los consumidores y las empresas. No obstante, estás leyendo este libro hoy y sabes que ha habido periodos de crecimiento y expansión que han contrarrestado todas esas recesiones pasadas. No es muy diferente de despertarse y encontrarse con que ha habido una tormenta de nieve durante la noche; al final logramos salir a la superficie y seguir con nuestra vida habitual.

Depresión. A principios de la década de 1920, la economía estadounidense estaba en alza. Habíamos salido de la Gran Guerra (la Primera Guerra Mundial) victoriosos y optimistas. Los estadounidenses medios estaban muy ocupados comprando automóviles y electrodomésticos a crédito, disfrutando de la Era del Jazz y de nuevas libertades. Además, muchos especulaban en la Bolsa. Sin embargo, nuestras nuevas costumbres y prácticas eran insostenibles. En octubre de 1929, la Bolsa se desplomó, provocando el peor hundimiento económico de la historia del mundo industrializado moderno. Se propagó desde Estados Unidos al resto del mundo y duró casi doce años. Los bancos quebraron. Las empresas cerraron y más de quince millones de estadounidenses perdieron su empleo. La gente se vio obligada a cultivar hábitos de ahorro y frugalidad. Lo habitual antes de la Gran Depresión era que los gobiernos tomaran pocas medidas, o ninguna, en tiempos de bache económico, confiando en que las fuerzas del mercado lograrían imponer las necesarias correcciones económicas. Pero esta depresión era demasiado profunda para esperar una recuperación rápida, así que el gobierno intervino con regulaciones, obras públicas y servicios de bienestar social y exceso de gasto público para impulsar una necesaria recuperación económica.

Así llegamos a la recuperación. En nuestra vida, tanto personal como profesional, durante una recuperación empezamos a ver que las malas noticias van siendo menos. Nuestro salario se estabiliza. Algunos de nuestros clientes pasan pedidos mayores o más frecuentes. Puede que incluso recibamos más peticiones para que presentemos ofertas frente a las de la competencia. No obstante, es entonces cuando la mayoría siente la necesidad de avanzar pasito a pasito. No es muy diferente de recuperarse de una enfermedad grave. Puede que nos sintamos mejor que antes, pero todavía no estamos en condiciones de correr un maratón. Durante la recuperación, es sensato seguir el rumbo de una manera constante, ofreciendo un servicio excepcional a nuestros clientes actuales antes de intentar expandirnos (o, dependiendo de cómo lo veas, dispersarnos en demasía con un gran número de clientes).

La siguiente etapa es, claro está, la favorita de todos: la subida. Es entonces cuando se experimenta una fuerte confianza y abunda la creatividad. Todo el mundo está muy ocupado, no sólo los campeones. ¡Ellos han estado ocupados todo el tiempo!

¿Qué hacer cuando sólo tu sector sufre un duro golpe?

A mediados de los años sesenta, apareció en Europa la idea de la multipropiedad en el sector inmobiliario. La idea cruzó el charco y llegó a Estados Unidos alrededor de 1969. Para 1975, había cuarenta y cinco lugares de vacaciones en Estados Unidos con más de diez mil socios. Los que iban conociendo este concepto y, luego, invirtiendo en él y utilizándolo, estaban muy contentos. No obstante, algunas prácticas de marketing en el sector, combinadas con la codicia, tanto del consumidor como de los vendedores, hicieron que las cosas se pusieran feas.

Los consumidores aceptaban hacer una gira por las propiedades, sólo para recibir regalos de incentivo, pero sin tener, en ningún momento, la intención de comprar. Algunos de los vendedores eran muy poco profesionales y un tanto agresivos al tratar de conseguir ventas, cuando se daban cuenta de qué clientes no iban a pasar a la compra. El sector recibía comentarios negativos en la prensa y, peor aún, la información en la calle, entre los consumidores, se volvió negativa. El sector necesitaba darle la vuelta a esta situación. Lo consiguieron y el 1 de enero de 2007, en Estados Unidos, 4,4 millones de hogares eran dueños de uno o más periodos semanales de tiempo compartido. Una gran parte del cambio se debió a que el sector subió el listón para sus equipos de ventas. Ofrecieron más formación y más profesional, y el sector empezó a controlar sus propias mejores prácticas.

En el campo de las hipotecas y la propiedad inmobiliaria de los primeros años de este siglo, había más negocio del que los profesionales veteranos podían manejar. Muchos vendedores sin experiencia entraron en los dos sectores; muchas para hacerse con el dinero fácil disponible. Por desgracia, no tenían ni los conocimientos ni la experiencia necesarios para justificar los salarios que ganaban.

En algunos casos, estoy tentado a creer que los propietarios de viviendas que, más tarde, sufrieron el embargo de bienes hipotecarios no entendían plenamente dónde se metían. Puede que trataran con agentes inmobiliarios sin experiencia o agentes hipotecarios que no los informaron bien. También puede ser que tuvieran la desgracia de tratar con vendedores o compañías con graves carencias profesionales, que se aprovecharon de ellos.

De acuerdo, es un mundo de «Tenga cuidado el comprador», donde a éste le toca asegurarse de la calidad de lo que compra; así pues, esos compradores debieron haberse informado bien antes de firmar cualquier papel; no obstante, dedicarse a una tarea de forma profesional acarrea una gran responsabilidad personal. Lo fundamental para todas las personas que tienen un auténtico éxito en el campo de la venta es que el producto, el servicio o la oferta deben ser auténticamente buenos para el cliente. El término *buenos* debería indicar, asimismo que se trata de una decisión sensata para los consumidores también en el aspecto económico, en cuanto a los beneficios que proporciona.

Veamos, ¿qué hemos aprendido en estos ejemplos? Que cuanto más profesionales seamos, menos nos afectará un revés en el sector. Cuando eres uno de los buenos y sirves de verdad las necesidades de tus clientes y ofreces un producto de calidad, conservarás mucha de la fidelidad de esos clientes durante los tiempos difíciles.

Por favor, recuerda que, aunque puedas tener un alto nivel de crédito profesional entre tus clientes, es preciso que seas proactivo y contactes con ellos siempre que haya informes negativos en la prensa sobre tu compañía o tu sector. Lo mejor sería ponerte en contacto con ellos en persona, lo siguiente mejor es el teléfono, y a continuación viene el correo electrónico o una carta. Tu mensaje debe calmar cualquier temor o preocupación que la noticia pueda haber creado e informar a los clientes de que controlas las cosas y sigues defendiendo sus intereses.

Cuando te diriges a ellos, antes de que ellos se pongan en contacto contigo, aumentas su confianza en tu capacidad como experto y en tu dedicación a tu campo. Recuérdales el número de años que llevas en el sector y diles que tienes intención de seguir en él por mucho tiempo. Tu compromiso personal y tu entusiasmo harán mucho para disipar sus temores y que los conserves como clientes.

¿Qué hacer cuando te enfrentas a un ciclo difícil?

Lo primero es mantener una actitud positiva. Sé que puede ser complicado, pero no hacerlo no te va a ayudar en nada. Dejar que los aspectos negativos te afecten es lo que hacen los vendedores corrientes. ¡Y tú no eres un vendedor corriente!

Cuando estás con el ánimo bajo, es más probable que encuentres razones para no llevar a cabo las cosas importantes que hacen ganar dinero. ¿Por qué? Porque hacerlas podría acarrear el rechazo. Cuando ya te sientes con el ánimo por los suelos, tu umbral para enfrentarte al rechazo tiende a ser igualmente bajo. En otras palabras, si permites que tu ánimo decaiga, tus ventas también caerán.

En casi todas las oficinas hay una persona, por lo menos, que te hará sentir exhausto emocionalmente sólo por hablar con ella durante cinco minutos. Presta atención al tiempo que pasas con esa persona y redúcelo. Si

te es posible, mantente alejado de ella durante unos días. Tu actitud positiva es un bien precioso, incluso más precioso cuando tienes problemas a los que hacer frente.

Trabaja para conseguir que todos aquellos en los que puedes influir sean proactivos en cuanto a tener una actitud positiva. Haz que tu familia o tus compañeros de piso busquen buenas noticias para compartir. Pega citas o refranes positivos por toda la casa, para que los veas mientras te preparas para tu día de trabajo. Quizá no tengas una influencia importante en lo que sucede fuera de tu casa, pero, sin ninguna duda, puedes marcar la pauta de lo que pasa dentro de ella.

Haz todo lo que puedas para reducir el desastre que puede ser el principio de la mañana, cuando tratas de conseguir que todos salgan de casa hacia sus tareas. Ese caos agota tu energía emocional tanto como puede hacerlo que te rechacen una venta. No te arriesgues a empezar el día viendo el lado negativo de las cosas. Mantener una actitud positiva ahorra tiempo, de verdad. Cuando te permites hundirte en la miseria, no es sólo tu entusiasmo lo que se ve afectado, también tu eficacia disminuye.

Ya hemos dicho que debes responder, en lugar de reaccionar a los acontecimientos que están fuera de tu control. Pero, ¿cuál es la respuesta adecuada a un ciclo deprimido? Tienes que dedicarte a actividades que ayuden a convertir cualquier temor o angustia que puedas tener en energía. Tienes que perseguir metas difíciles, pero realistas. Como dice Gerhard Gschwandtner, editor de la revista *Selling Power*: «La economía puede vaciarnos los bolsillos, pero no puede vaciar nuestro ánimo».

Así, pues, manos a la obra. A lo largo de los años, he observado que los que tienen éxito —los que dirigen empresas, amasan fortunas y hacen realidad su máximo potencial— no dedican al trabajo mucho más tiempo que muchas personas sin éxito. La diferencia es que los primeros tienen la capacidad de sacar más productividad de cada hora invertida.

¿Cómo lo hacen? Su sistema es asombrosamente sencillo. De hecho, es tan sencillo que muchos no creerán que dé resultado y ni siquiera lo probarán. He enseñado este sistema a cientos de miles de alumnos a lo largo de los años. Muchos me han dicho que a ellos les da tan buen resultado como a mí. Sin embargo, siguen resistiéndose a creer lo sencillo que es.

La idea gira en torno a no tratar de hacer demasiado. Es un hecho establecido que la persona media no puede manejar más de seis o siete cosas en su cabeza al mismo tiempo. Sin embargo, tratamos de hacerlo constantemente, por lo menos hasta que aprendemos el sencillo método de anotarlas. No dejes de leer ahora porque pienses que te estoy diciendo que lleves una lista de «cosas que hacer». Esta estrategia es más profunda.

Llevar una lista reducida significa que la reduces a lo que es realmente importante hacer cada día. Después de todo, hoy es lo único que tenemos, ¿no es así? Escribir (o meter en el ordenador) esas cosas te ayuda a resumir los detalles y ver las tareas que ya has hecho.

Créeme, he utilizado esta estrategia durante años y me ha ayudado no sólo a ser más productivo, sino a reducir la cantidad de tiempo que paso preocupándome. Reconozco que soy de los que se preocupan mucho. Es algo en lo que he trabajado durante muchos años y en lo que sigo trabajando. Pero he descubierto que me preocupo mucho menos respecto a hacer las cosas importantes de lo que solía hacer. Sé que no me olvidaré de hacerlas, porque las he anotado donde puedo verlas cada día.

El siguiente paso de esta sencilla estrategia es clasificar esas seis cosas por orden de importancia. Cuando yo empezaba a trabajar en la venta, Earl Nightingale era uno de los oradores más populares. Fui a oírlo hablar en una serie de ocasiones y compré varios casetes con sus grabaciones. En *Lead the Field*, habla de que él también utilizaba esta estrategia. En una ocasión, un amigo le comentó que nunca parecía apresurado ni preocupado, que debía de ser una persona muy organizada. Earl respondió que lo que causa ansiedad es tener demasiadas cosas en la cabeza; usando la estrategia de que hablamos, sólo tenía muy presente una única cosa: la tarea que tenía entre manos. La concentración que alcanzaba utilizando esta sencilla estrategia le permitía alcanzar un nivel de perfección al que pocos aspiran. Cuando acababa la Tarea número uno de la jornada, consultaba su lista y empezaba con la Tarea número dos.

Otro beneficio adicional de esta sencilla estrategia es que si elaboras tu lista al acabar cada día, dormirás mejor. Mientras duermes, tu mente subconsciente trabajará para prepararte las tareas del día siguiente. Pronto verás que te despiertas no sólo descansado por haber dormido bien, sino con grandes ideas para realizar lo que tienes que hacer durante el día de una manera mejor y más productiva.

Cuando empieces a utilizar esta estrategia, quizás encuentres que te resulta difícil reducir tus tareas a seis. Es normal. Después de una semana de práctica, más o menos, se convertirá en una segunda naturaleza para ti.

Una advertencia: No supongas que esta lista te permitirá liquidar doce horas de trabajo en una jornada de ocho horas. Tienes que ser consciente de tus limitaciones. La meta es tener un día productivo, sin altibajos, no una jornada tan atestada de actividades que no te quede nada para dedicarlo a tu vida personal.

Veamos, ¿qué pones en esta lista? Primero y principal, anota todos las actividades programadas. Esto incluye reuniones con los clientes, reuniones internas de la oficina, citas personales con el médico, el dentista, tu cónyuge o tus hijos. Luego pasa a la prospección, de acuerdo a los consejos que hemos dado antes. Incluso durante las épocas de mayor trabajo, deberías dedicar por lo menos un cinco por ciento de tu tiempo (entre veinte y veinticinco minutos) a prospectar. Esto incluye contactar con posibles nuevos clientes por teléfono, correo y correo electrónico, y pedir a tus actuales clientes que te den referencias.

A continuación, te recomiendo encarecidamente que anotes una actividad relacionada con incrementar tus conocimientos. Profundiza en tu conocimiento del producto. Infórmate de las últimas novedades del sector. Analiza las tendencias actuales, con las necesidades de tus clientes en mente. Puede que te sorprenda lo que se te ocurre. ¿Y si descubres una idea que haga que la mayoría de tus clientes aumenten, aunque sólo sea un tres por ciento, su negocio contigo? ¿Cómo afectaría esto a tus resultados finales?

Asegúrate de programar, cada día, algún tipo de actividad que sea beneficiosa para tu salud. Si vas a darlo todo en tu actividad, tu cuerpo necesita estar sano. ¿Qué sentido tiene trabajar mucho para ganar unos ingresos increíbles si la mala salud te impide disfrutar de ellos?

Estas ideas deberían hacer que empezaras con buen pie. Los días en que no tengas reuniones con los clientes (esperemos que sean raros), trata de organizar un desayuno, un café o un almuerzo con alguien de la empresa que tenga mejores resultados que tú y hazle preguntas. O dedica algún tiempo a informarte, buscando en Internet, de nuevos métodos de prospección que le estén dando resultado a otros. Hoy podemos acceder a más información, la tenemos literalmente en la punta de los dedos, que en cualquier otro momento de la historia.

Resumen

- Has aprendido a reconocer las diversas etapas del ciclo económico y has determinado en cuál está tu empresa ahora.
- Sabes qué pasos dar de inmediato cuando las noticias de tu sector son malas.
- Has aprendido a aumentar tu focalización y, por lo tanto, tu productividad, mediante una planificación adecuada.

4

Volver a lo básico: Por dónde empezar

> Para triunfar, debes conocer lo que haces, debe gustarte lo que haces y debes creer en lo que haces.
>
> WILL ROGERS

Me gusta mucho esta cita de Will Rogers. Tiene una bella simplicidad, como la tenían muchas de sus frases. Es aplicable a cualquier cosa de la vida que nos sea importante. Pero, por el momento, apliquémosla a tu desarrollo como vendedor.

¿Qué tan bien conoces lo que haces? Lo que haces es satisfacer las necesidades de los demás. Puede que suene ridículamente elemental, pero cuando te enfrentas a tiempos difíciles, es hora de afinar tus conocimientos. Si dudas de lo que digo, piensa en lo que les sucede a todos los deportistas profesionales de Estados Unidos. Antes de enfrentarse a nuevos retos, ponen a punto sus habilidades. Tenemos la preparación de primavera para los jugadores de béisbol, la pretemporada para los equipos de fútbol de la NFL (National Football League) y los campamentos de entrenamiento para los jugadores de fútbol universitario. Incluso los deportistas profesionales se benefician de un entrenamiento continuado, volviendo a lo básico antes de cada temporada. El gran entrenador de fútbol Vince Lombardi, ya fallecido, empezaba cada temporada de entrenamiento con esta sencilla frase: «Chicos, esto es una pelota de fútbol». A continuación les explicaba los conceptos más básicos de lo que era el juego. ¿Por qué? ¡Porque daba resultado!

Aunque tú comprendas que tu trabajo es atender a las necesidades de los demás, quizás haya un jefe de ventas o alguien más arriba en la empresa que no lo vea del todo de la misma manera. Puede que te digan que tu tarea es promover el producto. Y sí, tienen razón, pero sólo tienes que hacerlo con las personas y empresas que pueden beneficiarse realmente de él, sirviendo así a sus necesidades.

Hacer algo en sentido contrario no te ayudaría a alcanzar el éxito, sino que actuaría en detrimento de tu carrera profesional. No tendrías clientes contentos. Nadie te recomendaría y es probable que tu empresa no tardaría en obligarte a buscar trabajo en otra compañía. Así pues, la clave es llevar el producto a la gente adecuada.

Déjame que te haga una pregunta: «¿Te gusta lo que haces?» Si te horroriza levantarte cada mañana, si buscas excusas en tareas inútiles para no dedicar tiempo a reunirte con posibles clientes, si sientes un miedo visceral al rechazo, quizás estés en el campo equivocado. O, si me concedes el beneficio de la duda, quizá todavía no te hayan preparado de forma adecuada y completa para la venta y no comprendas lo divertida y satisfactoria que es.

A eso he dedicado toda mi vida, a ayudar a profesionales como tú a aprender a hacer bien este trabajo, el trabajo de ayudar a los demás a adquirir productos y servicios que satisfagan sus necesidades. Si después de probar con las estrategias que vamos a ver en este libro, sigue sin gustarte lo que haces, no lo pienses más y cambia de profesión.

A continuación, tienes que poder decir, sin sombra de duda, que crees en tu producto. ¿Trabajar en este campo en concreto es lo que algunos llamarían «un trabajo ideal para ti»?

A guisa de ejemplo, las personas a las que les gusta trabajar con ordenadores suelen ser buenos vendedores de *hardware* y *software* de ordenadores; las mujeres suelen ser mejores que los hombres para vender cosméticos a otras mujeres; las personas esbeltas, preocupadas por la salud, son mejores captadores de socios para gimnasios que los que no son tan esbeltos.

¿Por qué has elegido tu producto o servicio en concreto? ¿O él te eligió a ti? En parte, la razón de que estas personas sean buenas en lo que hacen es que disfrutan de los beneficios de sus propios productos. O, como mínimo, les fascina el sector. Se ve el entusiasmo en sus ojos cuando tienen la ocasión de hablar del campo que han elegido. Así me sentía yo respecto a la venta de bienes raíces, aunque no era dueño de ninguna propiedad cuando empecé en mi profesión.

Al principio de mi carrera de ventas, entré en el campo de la venta de casas. Era una profesión con pocos hombres de menos de treinta años, y todavía menos mujeres. En la década de 1960, la propiedad inmobiliaria estaba considerada un terreno para hombres maduros. Después de todo, tenía que ver con la construcción y las inversiones, y en aquellos tiempos, habitualmente, los hombres eran las fuerzas impulsoras en esos ámbitos.

Dado que yo era bastante joven cuando empecé en ese campo, hubo algunos posibles clientes que, al entrar en las oficinas de la agencia inmobiliaria donde yo trabajaba, me preguntaban si podían hablar con mi padre, de verdad. Estoy seguro de que pensaban; «¿Qué puede saber este chaval de los asuntos financieros de la construcción y la propiedad inmobiliaria?»

Si eres joven en relación a los demás de tu campo, refuerza tu imagen. Si estás casado, pon una foto tuya y de tu cónyuge en el despacho. Es incluso mejor si tienes hijos, porque así puedes exponer también sus caras sonrientes.

Cualquier premio o diploma que tengas debería ocupar un lugar destacado. Puede que los clientes no los lean detalladamente, pero ver que los tienes (y son auténticos, no falsos) hará que aumente su confianza en tus aptitudes.

Lo que llamamos vanity photos, donde apareces tú con personas famosas o, como mínimo, con los cargos directivos de tu compañía, también son una buena alternativa.

Resultó que, una vez que aprendí a vender como es debido, me fue bastante bien, porque me esforzaba mucho en entender qué necesitaban saber los compradores cuando decidían sobre la adquisición de una vivienda. Me gustaba mucho ayudarlos a hacer realidad sus sueños de ser propietarios de una casa y construir recuerdos para su familia.

Algunas de las mujeres con las que trabajaba por aquel entonces llegaron a destacar en las ventas porque ellas mismas eran amas de casa. Aprendían detalles de la construcción para satisfacer a sus clientes masculinos, pero también podían hablar emotivamente a las esposas y a las familias jóvenes sobre qué convierte una casa en un hogar. Bien mirado, eso es lo que todos queremos realmente, ¿no es así? Un lugar donde ir que sea cálido y acogedor. Un lugar donde nos sintamos seguros y a salvo.

Piensa en ello: ¿Recuerdas algo de cómo estaba construida esa casa de la que guardas los mejores recuerdos? Seguro que recuerdas un gran ventanal o un enorme porche, no debido a la manera en que estaban construidos, sino por lo que sucedió allí... contemplaste una nevada maravillosa, tuviste la experiencia de tu primer beso.

Vender tiene que ver con las emociones. Queremos creer que tomamos decisiones de forma racional, lógicamente, pero en realidad primero las tomamos emocionalmente y, luego, defendemos mediante la lógica lo que hemos decidido. Racionalizamos. Esto es verdad tanto si el producto es una maquinaria de fabricación, un seguro de vida, ropa o un postre en un restaurante.

Las conversaciones que se desarrollan en nuestra cabeza podrían ser algo así:

Emocional: Quiero tener buen aspecto en la próxima reunión corporativa... un aspecto profesional, de persona con éxito, segura de sí misma.

Racional: Para eso necesito un traje nuevo. Tendría que poder encontrar algo que esté dentro de mi presupuesto.

Emocional: ¡Oh, fíjate en éste! La tela es bonita de verdad. Me lo probaré, aunque cuesta más de lo que me puedo gastar.

Racional: Me probaré también éste más barato.

Emocional: La verdad es que me gusta el traje más caro. No hay duda de que me queda mejor y me siento mucho mejor con él.

Racional: Y seguro que esta tela tan agradable se estropea menos que la del traje más barato. Durará más tiempo. Me lo compro.

Quizá no lo creas, pero este mismo tipo de conversación racional/emocional se desarrolla en la mente de los ejecutivos de las grandes empresas cuando toman decisiones sobre construir nuevas plantas de fabricación. Emocionalmente, quieren dar una buena impresión a ojos de los accionistas, el consejo o lo que sea. Mejorar la producción y economizar para la compañía son parte de su racionalización.

¿Cuántos pasos utilizas cuando vendes?

Cuando la economía está en auge, es probable que encuentres clientes que piden a gritos tu producto. Lo quieren. Los dos lo sabéis y es probable que tomes algunos atajos en el ciclo de la venta profesional para acabar el trabajo y pasar rápidamente al siguiente cliente. En esas épocas, a la mayoría de clientes les parece bien.

En algunas zonas, como la financiera o la bancaria, es probable que ser el rey o la reina de los métodos rápidos haga que los demás piensen que eres un oportunista y no que eres un profesional orientado al servicio. Así que debes hacer lo que sea más conveniente para cada cliente. ¡Lo primero siempre es lo que el cliente necesita!

Cuando los tiempos son de vacas flacas, tienes que estar preparado para recorrer cada etapa del ciclo de venta en el orden adecuado, dando por sentado que tus clientes vacilarán más antes de tomar una decisión de compra. Es posible que quieran y necesiten tu producto, pero que tengan miedo de asumir un compromiso económico o temporal. Los tranquilizas sobre su decisión dedicándoles tiempo, ayudando a que se sientan cómodos con la idea de adquirir tu producto, cubriendo todas las bases y resumiendo los beneficios de que disfrutarán.

En tiempos difíciles, quizá necesites dedicar más tiempo a cultivar la relación antes de que el cliente se abra, te hable de sus necesidades y te proporcione la información que requieres para clasificarlo. También es posible que tengas que afinar tu habilidad para redirigir al cliente hacia un producto más económico, si acaso no reúne los requisitos para el producto en que estaba originalmente interesado. A veces, el cliente tarda más en asumir el compromiso final; por ello, tendrás que ser diestro para cerrar la venta. Tendrás que saber trabajar con su postergación, su indecisión y su temor.

En general, para tener éxito en este negocio, es preciso que sepas utilizar eficazmente las siete etapas de un ciclo de venta adecuado... con independencia de lo que esté sucediendo en la economía o en tu sector. Las siete etapas son: Prospección. Contacto Original. Calificación. Presentación. Abordar las preocupaciones. Cerrar la venta. Conseguir presentaciones de calidad (también conocidas como recomendaciones). Hablo detalladamente de estos pasos en mi libro *How to Master the Art of Selling*. En éste, nos ocupamos sólo de los aspectos que se ven más comúnmente afectados en tiempos difíciles.

¿Por qué deberían comprarte a ti?

Vayamos a la cuestión final de por qué alguien te compraría a ti, con independencia del tipo de mercado en el que estés. Incluso si eres genial para conseguir que se involucren emocionalmente en tu oferta y tengas argumentos excelentes para racionalizar la compra, ¿por qué tendrían que invertir en ti y no en cualquier otro con un producto similar? ¿Qué te hace diferente?

Lo fundamental para tener éxito en la venta es procurar gustar a los demás, que confíen en ti y que quieran escucharte. Esta es la base de toda mi formación de ventas.

Aunque tengas el producto más increíble y fabuloso del planeta, con la oferta más económica nunca conocida, si al cliente no le caes bien y no confía en ti, nunca te escuchará. Y si no escucha lo que tienes que decirle, no comprará.

¿Qué hace que gustes?

El mejor sitio para encontrar la respuesta a esta pregunta es *Cómo ganar amigos e influir sobre las personas*, de Dale Carnegie. Desde que se publicó en 1936, este libro y los cursos nacidos de él han tenido un profundo efecto en millones de personas. Todavía se puede adquirir hoy y, si no lo has leído todavía, te recomiendo encarecidamente que lo hagas.

El mensaje de la fundación Dale Carnegie tiene que ver con la comunicación efectiva y con hacer que los demás se sientan importantes. John Maxwell, coautor y orador lo expresa de esta manera: «A los demás no les interesa cuánto sabes hasta que saben cuánto te interesas».

Tu manera de expresar tu interés y tu preocupación por tus clientes es, en gran parte, no verbal. Es la manera en que les estrechas la mano. Es la forma en que los miras a los ojos. Recuerda, los ojos son los espejos del alma. Si no eres sincero sobre tu deseo de servir o sobre tu confianza en el producto, esto se verá.

Es importante que dediques un momento a eliminar cualquier otra cosa que tengas en la cabeza antes de reunirte con un cliente. El cliente no debería poder decir nunca por tu actitud que tienes diez mensajes que contestar en el buzón de voz, un niño que recoger en la escuela y una reunión con tu asesor financiero, después del trabajo, para analizar el comportamiemto de tus acciones en Bolsa. Concentrarte sólo en este cliente y sus necesidades te permitirá leer entre líneas y hablar con él de manera pertinente... cosas, todas, que te harán más agradable a sus ojos. Para decirlo más claramente, le estás prestando toda tu atención.

Otra cosa que considerar es tu porte. ¿Vas encorvado o te mantienes bien erguido? ¿Caminas lentamente o con brío? ¿Cómo transportas tu material? ¿Lo llevas amontonado en los brazos o bien organizado dentro de un maletín? Las personas que se mantienen erguidas, que caminan con paso enérgico y están bien organizadas son percibidas como competentes y triunfadoras. Lo interesante es que suelen serlo. Si te preguntas cómo te ven los demás, pídele a algún compañero, amigo o familiar que sea absolutamente sincero contigo. Pregúntales si tienes un aspecto competente y seguro de ti mismo. Muéstrate abierto a sus consejos y considera la posibilidad de hacer algunos cambios, si es necesario.

¿Sonríes cuando te encuentras con alguien? Puede parecer algo propio de guardería, pero es cierto que les caerás bien a más personas si sonríes que si los saludas sin hacerlo. Durante unas semanas, cultiva el hábito de buscar espejos dondequiera que vayas. Al mirarte en esos espejos, presta atención a lo que veas. ¿Ves a alguien con un aire claramente feliz o a alguien preocupado y agobiado? No te obsesiones, limítate a prestar atención y hacer conscientemente cualquier cambio que comprendas que es necesario.

Otro aspecto de la capacidad de gustar es la cordialidad en general. Piensa en cómo actúas cuando estás relajado en compañía de buenos amigos. Los llamas por su nombre. Tratas de hacer que sonrían y se sientan cómodos cuando están contigo.

Te recomiendo encarecidamente que llames a tus

clientes por su nombre cuando hables con ellos. Dado que una de nuestras metas es conseguir gustarles, tenemos que actuar como si estuviéramos con un amigo (aunque sin un exceso de familiaridad).

¿Cómo forjar la confianza?

Al principio de cualquier relación con un nuevo cliente, no es probable que confíe en ti. Dalo por sentado. Puedes ser una de las personas más dignas de confianza del planeta. Tus amigos, tus colegas y tus seres queridos pueden confiar tanto en ti que pondrían, literalmente, su vida en tus manos, pero tus nuevos conocidos en el campo de las ventas no lo saben. En muchos casos, la primera vez que un cliente potencial oye tu nombre es cuando tú, un completo desconocido, se le acerca por algo que, según perciben, quieres de él. No ve que un vendedor sea alguien que quiere darles algo, sino más bien tomar algo... su dinero y su tiempo, cosas que la mayoría apreciamos y valoramos mucho.

Antes de que puedas esperar que alguien preste mucha atención a lo que tienes que ofrecer, debes construir su confianza en ti, en tu empresa, tu marca, incluso en tu sector. Una de las mejores maneras de empezar este proceso es algo llamado declaración de intenciones. Es una práctica que elaboré con Pat Leiby. Los dos escribimos conjuntamente *Sell It Today, Sell It Now – Mastering the Art of the One Call Close*. Pat imparte formación en el sector del tiempo compartido, un sector donde, la mayoría de veces sólo tienes una oportunidad para conseguir que un cliente confíe lo suficiente en ti como para hacer una venta. La declaración de intenciones es un medio muy poderoso y, sin embargo, simple para empezar a sentar las bases de esa confianza.

La declaración de intenciones es como un orden del día, pero verbal. Suele empezar así: «El tiempo que vamos a pasar juntos tiene como objetivo...» O: «John y Mary, si no os importa, dejadme que os explique cómo funciona habitualmente este tipo de presentación». Es cuando les dices lo que vas a decirles. En esencia, le estás dando a tu cliente un plan detallado de lo que va a suceder en los veinte, sesenta o noventa minutos siguientes, en lugar de pedirle que deje que lo guíes a ciegas a través de un laberinto.

Entonces, cuando hagas exactamente lo que les has dicho que ibas a hacer empiezan a confiar en ti. Confiarán en tu palabra. Incluso puede que empiecen a confiar en la información que les das.

Para que tu declaración de intenciones tenga todavía más fuerza, incluye en ella la opción de que tu cliente diga que no. Es algo que quieren y, tal vez, ya han decidido antes de reunirse contigo. Decirlo en voz alta obra maravillas; disuelve el mortero que sostiene el muro de la resistencia a comprar que es común en todas las situaciones de venta.

En algunos casos, la posibilidad de decir que no también ayudará a que presten más atención a lo que les dices. Es como si retiraras el producto o el servicio antes de que hayan tenido la oportunidad de averiguar cómo es. Esta pequeña estrategia es eficaz tanto para hacer que se sientan cómodos como para aumentar sus deseos de saber más.

Veamos una muestra de una declaración de intenciones efectiva.

Señor Combs, le agradezco el tiempo que compartimos hoy. Antes de empezar a hablar de sus necesidades específicas, déjeme que le exponga un par de puntos. Nuestro propósito en esta reunión es conocernos un poco para determinar si en Tomco tenemos un producto que satisfaga las necesidades de su empresa.

Me gustaría empezar familiarizándolo con nuestra compañía, su historial y nuestra filosofía de negocio. A continuación, revisaremos sus necesidades específicas para no malgastar tiempo hablando de algo que no guarda relación con lo que nos ocupa hoy. Después, si a los dos nos parece conveniente, revisaremos los productos y servicios específicos que podría querer considerar.

Bien, señor Combs, soy vendedor y mi trabajo es ayudar a empresas como la suya a elegir nuestros productos y servicios, si son los adecuados para ellos. Sin embargo, no creo en ejercer presión de ningún tipo. Mi experiencia me ha demostrado que nuestros productos no son exactamente los adecuados para todos. Pueden ser o no ser lo mejor para ustedes. Sólo usted puede tomar esa decisión. Lo único que le pido es que mantenga una mentalidad abierta y que, al final de nuestra entrevista, me diga sinceramente si cree que nuestros productos satisfarán sus necesidades. Es justo, ¿verdad?

Sólo necesitarás un minuto para hacer esta declaración de intenciones, de forma sincera. Utiliza mis palabras o escribe las tuyas, pero incorpóralas al principio del próximo contacto (y de cualquier contacto posterior) y pronto verás que no tienes que esforzarte tanto para reducir la resistencia a la venta.

Cuando, finalmente, sabes que te escuchan, ¿qué dices?

Empiezas construyendo credibilidad. Ya he dicho que no sólo compran tu producto o servicio. También te compran a ti. De hecho, primero te compran a ti. Tienen que creer que eres un hombre o una mujer en quien se puede confiar. Después de todo, vas a ser la persona por medio de la cual la compañía proporcionará cualquier servicio de seguimiento que el cliente pueda necesitar después de la venta. Si ahora no les gustas, ¿por qué tendrían que considerar una relación duradera contigo?

A continuación, es el momento de compartir anécdotas, cartas o información de tus clientes más satisfechos. Deberían tratar tanto de ti como de tu producto. Es una forma suave de echarte flores sin que parezca jactancia. No eres tú quien dice lo estupendo que eres; son tus clientes satisfechos quienes lo hacen.

Habla del historial de tu empresa, de por qué tu marca es tan querida por tus clientes y del número de esos clientes. Todos estos aspectos engendran credibilidad. Al expresarlos de una manera profesional también construyes en la mente del cliente potencial una imagen de ti como persona muy competente.

Es muy importante que un posible nuevo cliente te oiga decir que estás orgulloso de representar a tu compañía. Esto infunde confianza y le dice que piensas estar ahí durante mucho tiempo.

Podrías hacerlo de la siguiente manera: «John, podría haber elegido trabajar para cualquiera de los cinco distribuidores locales de este tipo de productos. Elegí mi empresa por la calidad del producto y porque se comprometen a respaldarlo. En mis propias investigaciones en este campo, encontré que eran los mejores y me siento orgulloso de representarlos».

Además, con esta declaración, acabas de plantar en su mente la idea de que la competencia quizá no sea tan buena, sin decir nada directamente negativo sobre ella. Nunca, nunca, nunca ataques a la competencia. Los vendedores que creen que tienen que hacer pedazos a alguien para elevarse ellos o elevar a su compañía nunca tendrán un auténtico éxito, ni siquiera en las mejores épocas.

Es hora de hacerlos hablar

Basta de hablar de ti. El siguiente paso es hacer que tus clientes hablen de sí mismos y de sus necesidades para que podáis llegar a la conclusión de que esta es una situación donde ambos ganáis. Es en este aspecto donde la mayoría de vendedores que acuden a mis cursos tienden a ir más flojos. No saben cómo conseguir que sus clientes hablen, que hablen lo suficiente de sus deseos y necesidades para que, cuando llegue el momento, el vendedor les ofrezca la combinación ideal de productos y opciones.

Recuerda lo que hemos dicho sobre que compramos basándonos en nuestras emociones y luego defendemos nuestras decisiones con razonamientos lógicos. Muchos vendedores hacen demasiado hincapié en las características de sus productos y esperan que los clientes «hablen de especificaciones», cuando la mayoría (a menos que estés en un campo científico o de fabricación) está más interesada en los beneficios del producto, que son emocionales. A fin de tener éxito en la comunicación con los clientes, tienes que hablar ambos idiomas y ser capaz de hacer la traducción de uno a otro en tu cabeza.

No es necesario que te vuelvas bilingüe en el sentido de poder pensar y hablar convincentemente en, digamos, inglés y chino, aunque podría no ser una mala idea. El idioma dual del que hablo aquí es el de tu cliente y el de tu compañía o sector.

Todos los sectores tienen una jerga propia. Es muy importante que la conozcas bien. No obstante, su uso es para dentro del sector. Si tus clientes no pertenecen a ese sector, pero utilizan tu tipo de producto, no tendrán tanta soltura como tú. Además, tendrán el idioma de su propio sector. Y si haces negocios con un cierto tipo de cliente —médicos, por ejemplo— sería aconsejable que aprendieras un poco de su jerga. Puedes conseguirlo sencillamente leyendo una revista del sector, la sección de avances médicos de una publicación de noticias o una página web asociada. Estas páginas suelen estar llenas de información de actualidad que puedes usar para iniciar la conversación. Tus clientes se darán cuenta de que te has tomado el tiempo para conocerlos un poco mejor y esto ayudará a que confíen en ti.

El principal medio para conseguir que alguien hable es hacerle preguntas. Y no cualquier pregunta, sino preguntas encaminadas a recoger información. Algunos clientes pueden pensar que son demasiado incisivas, si entran en un terreno en el que no están cómodos. Si parte de la información que necesitas recoger cayera en la categoría de «personal» o «financiera», es sensato empezar a hacer tus preguntas con esta frase: «No es nada personal, señora Mather, pero hay algunos detalles de su historial médico que necesito saber a fin de hacer un buen trabajo para usted, hoy, aquí». ¿Te das cuenta de lo que has hecho? Le has dicho que sabes que hay aspectos cuya discusión contigo podría hacer que se sintiera incómoda, pero que es en su propio beneficio. Al hacerlo así, demuestras sensibilidad y reduces muchísimo su malestar.

Resume, resume

Una vez que hayas definido las necesidades del cliente a tu entera satisfacción, tienes que asegurarte de que él está convencido de habértelo dicho todo. Lo consigues resumiendo esas necesidades. «Señor y señora Patterson, permítanme que compruebe que entiendo claramente su situación actual. Me han dicho que...»

Según expresas cada punto (en especial los que "apuntan" hacia tu producto como una buena elección), observa sus reacciones. Si percibes cualquier desconexión entre lo que dices y lo que ellos quizás hayan querido decir, pídeles una aclaración sobre ese punto en concreto. «No estoy seguro al cien por cien de que digo esto correctamente. ¿Me pueden ayudar a aclarar este aspecto?»

Según vas revisando la lista de sus necesidades, en su mente empezará a formarse una imagen de la solución ideal. ¿Has jugado alguna vez al Pictionary? Es la misma idea. Tú tienes una imagen clara de cuál es la mejor respuesta para ellos, pero ahora tienes que ayudarlos a ver la misma imagen en su mente. Tu meta es describir esa solución con tanto lujo de detalles, por medio de tu información del producto en la etapa de la presentación, que ellos lleguen a la misma conclusión que tú.

Después de la presentación y antes de preguntarles qué deciden, volverás a hacer un resumen. Se trata de un componente básico de la venta. Esta vez, tu resumen dibuja la imagen de todos los beneficios que recibirán (satisfaciendo las necesidades anotadas en tu primer resumen).

Imagina este resumen como la apoteosis final de una exhibición de fuegos de artificio. Has visto cohetes individuales o en pequeños grupos, pero cuando los ves todos juntos al final, es realmente una imagen grandiosa que deja una impresión maravillosa y duradera en ti. Este es el propósito de tu resumen después de la presentación.

Desde tu «Buenos días, señor Jackson», has estado preparando tu apoteosis final de beneficios que encajan en sus necesidades. Préstale la atención y el detalle que necesita para ayudar al señor Jackson a saltar la valla y comprar tu producto.

Si has seguido todos estos pasos, tanto en buenos como en malos mercados, ¡bien hecho! Si te das cuenta de que te has saltado algo de lo que hemos cubierto aquí, recuerda incluirlo de nuevo en tus presentaciones.

Cuando crees que están preparados para seguir adelante

Una vez que estás bastante seguro de que el cliente está listo para seguir adelante con la compra, ¿qué haces? Los vendedores corrientes se lanzan de cabeza a solicitar el pedido. En muchos casos, es lo acertado, pero en otros no lo es. Cuando has dado el paso equivocado en esta etapa del proceso de venta, es difícil recuperarse, reconducir las emociones del cliente hasta un nivel en que se encamine a tomar una decisión.

Mejor que preguntarte si estás haciendo lo acertado, es sensato poner a prueba cuál es su posición o qué ha oído. Una de las estrategias que los vendedores, tanto novatos como veteranos, es más probable que pasen por alto, es el cierre de prueba o sondeo. Se utiliza antes de preguntarle al cliente qué ha decidido. Esta pregunta te permite poner a prueba lo que piensa del producto antes de solicitarle el pedido. Ayuda a evitar la incómoda situación de encontrarte con que el cliente ahora incluye un nuevo aspecto en la combinación, lo cual te hace perder impulso. Una pregunta de prueba puede ser tan sencilla como esta: «John, ¿qué opina de todo esto hasta ahora?» Luego espera su respuesta. Así creas una oportunidad maravillosa para dejar de hablar, respirar y comprobar si has hecho el trabajo que crees haber hecho.

Si la respuesta de John es positiva, es el momento de

solicitar el pedido. Si hay cualquier vacilación, quizá tengas que pedirle que te aclare lo que piensa. Esto ayuda a aliviar la presión y es probable que abra un nuevo camino para que continúes vendiendo y pruebes con un segundo intento de cerrar la venta.

Algunas personas participarán totalmente de lo que dices y se mostrarán de acuerdo con casi todos los puntos que expreses. Luego, empezarán a sentir que necesitan tomar una decisión y les entrará miedo. Todo va demasiado deprisa para ellos. Necesitan aflojar un poco el paso. Tienes que estar preparado para manejar esto con tranquilidad y elegancia. Preguntarles qué opinan o si comprenden por qué tus actuales clientes están tan entusiasmados con tu oferta es una manera estupenda de tomarles la temperatura en cuanto a su decisión de comprar.

Las estrategias que hemos examinado aquí te ayudarán a llevar a más clientes al momento del cierre. Hablaremos con más detalle de cierres específicos que dan buen resultado en tiempos difíciles en el capítulo 10.

Resumen

- Comprendes que vender es servir.
- Siempre tendrás en cuenta el aspecto emocional de la venta, así como su aspecto racional.
- Trabajarás para resultar agradable.
- Entiendes que tomar atajos en el proceso de venta no es para ti.

- Elaboras e incorporas declaraciones de intenciones en todas tus presentaciones.
- Sabes qué preguntas hacer para clasificar a los clientes de forma más efectiva.
- No volverás a hacer, nunca más, una presentación sin resumir tanto las necesidades del cliente como los beneficios de tu producto.
- Comprendes la importancia de usar cierres de prueba o sondeo antes de solicitar el pedido.

5

Empieza por conservar el negocio que ya tienes

Construir la fidelidad de tu base de clientes es esencial para un éxito continuado. Uno de los mayores beneficios de tener clientes fieles es que ganas una especie de ingresos residuales. Tienes que permanecer en contacto, pero no esforzarte tanto para seguir vendiéndoles como hiciste para conseguir la *primera* venta.

La base de la fidelidad incluye los productos adecuados para cada cliente, un servicio excelente y un seguimiento sistemático. En este capítulo veremos diversas estrategias para mantener el contacto con los clientes y conseguir que repitan pedidos.

> Tienes que dar fidelidad desde arriba, si quieres que la fidelidad suba.
>
> DONALD T. REGAN

Esta cita iba dirigida originalmente a los líderes de la empresa y la política, pero creo que se aplica muy bien a las ventas. En lugar de arriba y abajo, en las ventas la fidelidad se recibe cuando se da, junto con un servicio excelente. Durante tiempos difíciles, esto entraña proporcionar a los clientes el mismo nivel de servicio que siempre les has dado, aunque su volumen de negocio, en dólares, haya caído. Significa tenderles la mano cuando ves un cambio en su nivel de negocio para ayudarles a encontrar medios de aumentarlo. Esto incluye contestar sus llamadas —siempre— incluso cuando estás seguro de que llaman con un problema o para cancelar su cuenta porque se enfrentan a tiempos duros y tienen que recortar gastos.

Si has proporcionado un nivel de servicio excepcional a tus clientes, cuentas con un estupendo efecto secundario. Durante los tiempos difíciles estarás más abajo en su lista de servicios que reducir o eliminar que otra empresa que no les haya ofrecido tu mismo nivel de atención. Les costará mucho más eliminar algo que disfrutan y valoran de verdad.

Tu meta con tus clientes es no sólo conservarlos de forma duradera, sino crear situaciones para que compren productos adicionales. Mantener sana la relación con el cliente equivale a ganar ingresos residuales. No tienes que esforzarte tanto como quizá tendrías que hacerlo para conseguir un nuevo cliente. Esto no significa que puedas descuidarlos, dando por sentado que no se irán a otro sitio. No hay nada tan seguro en el mundo.

La clave para unas relaciones sanas, tanto personales como en los negocios, es prestarles la atención que necesitan y merecen. Si tienes hijos, es de esperar que hayas aprendido que los niños deletrean la palabra *amor* de esta manera: TIEMPO. Sienten ese amor cuando te ven entre el público en las obras de teatro de la escuela, cuando estás es las gradas de sus encuentros deportivos y cuando los llevas de compras o a almorzar, en lugar de darles dinero y decirles que se las arreglen solos.

A los niños no les importa cuánto dinero ganas ni qué marca de coche conduces (hasta que son adolescentes y quieren que se lo prestes). El tiempo que pasáis juntos les proporciona seguridad en vuestra relación. Saben que si el resto del mundo los traiciona, siempre hay alguien a quien acudir; alguien que siempre está de su parte.

Si es realmente imposible que estés físicamente presente, lo siguiente mejor es llamar. Tu interés y tu preocupación se perciben fácilmente en el tono de tu voz. Como mínimo, enviar mensajes electrónicos (especialmente si tienen dibujos) y tarjetas «porque sí» son maneras divertidas de mantener el contacto.

Toma los párrafos anteriores y cambia la imagen de tus hijos a tus clientes. Y, quizá, cambia «amar» por «interesarte». Los acontecimientos a los que asistas pueden ser deportivos, un almuerzo en la Cámara de Comercio o un día de puertas abiertas en la empresa de un cliente. Lo importante es que tus clientes vean que te importan lo suficiente para estar donde ellos están.

Por supuesto, no debes llevarlo al punto en que pueda parecer acoso, sino moverte en círculos similares cuando tu cliente te ponga a su nivel, lo cual forja confianza y fidelidad. Saben que lo entiendes, que comprendes o por lo menos dedicas mucho tiempo a tratar de comprender su mundo.

Cuando se trata de llamar por teléfono a los clientes,

es mejor que sean llamadas acordadas. ¿Cuál es el mejor momento para acordar tu próxima llamada? Al final de cada conversación por teléfono. Puede ser así de fácil: «Barb, gracias por concederme este tiempo para ponerme al día de cómo van las cosas en YourCo. Me gustaría mucho volver a estar en contacto contigo, dentro de un mes, más o menos. ¿Te llamo el veinte a esta misma hora o preferirías hablar al final del día?»

El marco temporal para las llamadas depende del tipo de negocios que haces. Si Barb te pasa un pedido semanal, probablemente sea sensato mantenerte al día de los cambios en su empresa cada mes o, por lo menos, cada seis semanas. Si su compañía te pasa un pedido mensualmente, una llamada cada sesenta o noventa días quizá baste. La idea es mantener un contacto lo bastante estrecho para que no te cojan con la guardia baja si hay cambios drásticos en la empresa de Barb o te la robe un competidor que le presta toda la atención que ella desea (junto con una oferta competitiva para el producto).

Nota: Antes de pedir que acordéis tu próxima llamada, siempre tienes que preguntar: «¿Hay algo más que pueda hacer hoy por ti?» Esto debería estar tan incrustado en tu subconsciente que te das cuenta de que les haces la misma pregunta a tus hijos antes de enviarlos a la cama por la noche y a tu cónyuge antes de marcharte cada mañana. En la mayoría de casos, a los clientes no se les ocurrirá nada más pero recibirán el mensaje de que no te vas a ningún sitio antes de saber que todo está en orden.

Si tus clientes te pasan sus pedidos directamente, sea en persona o por teléfono, en cada ocasión hazles un par de preguntas rápidas sobre cómo les va durante los actuales problemas económicos o sectoriales. Si la empresa funciona con un sistema de pedidos automáticos o tiene acceso online para hacer el pedido, tus llamadas programadas son todavía más importantes. Aunque puede resultarles muy cómodo pasar los pedidos online o establecer un sistema de envíos automáticos, son personas y necesitan contacto humano de algún tipo para saber que se valora su negocio.

Es importante mantener el contacto, más allá de lo relacionado con el pedido. Como ejemplo, aconsejo encarecidamente enviar tarjetas de Acción de Gracias a los clientes, pero si esa es la única ocasión en que te pones en contacto con ellos durante el año, no es probable que estén en tu lista de clientes al año siguiente. Estarán en la lista de algún otro.

Mi socio en la empresa, el gurú del marketing Dan S. Kennedy, dice lo siguiente respecto a mantenerse en contacto:

> *No creo que la economía esté mal tanto como creo en un mal seguimiento. Durante el año pasado, no he sabido nada del vendedor o concesionario al que le compré mi último automóvil, del agente inmobiliario al que le he comprado propiedades, de las tiendas de ropa y sus vendedores de dos ciudades donde he residido y he sido cliente en el pasado, del restaurante que visitaba con frecuencia, pero al que no he ido desde hace seis meses. Pero he comprado un coche, propiedades, ropa y he salido a comer. Y apuesto a que un puñado de esos*

vendedores y propietarios de negocios culpables de un seguimiento cero o malo están diciendo pestes de lo mal que está la economía.

Si tus clientes son consumidores y no empresas, te recomiendo un mínimo de seis contactos al año para ganarte su fidelidad. He tratado un poco de esto en el capítulo 2, cuando hablábamos del valor de las notas de agradecimiento y de las muchas razones que hay para enviarlas.

Cuando has conseguido el negocio de un nuevo cliente, es una gran idea averiguar cómo le gustaría que te pusieras en contacto con él. Muchas personas prefieren las llamadas telefónicas. Otras, el correo electrónico. Otras agradecerían una visita en persona de vez en cuando.

Cuando tienes noticias que transmitir sobre el lanzamiento de un nuevo producto, una nueva característica o prestación o sólo noticias de interés general para tus clientes, no se las envíes a todos de la misma manera. Compártelas con ellos del modo que prefieren. Puede exigirte un poco más de tiempo si no puedes enviar un *e-mail* con copias ocultas para todos tus clientes, pero valdrá la pena servirles como les gusta que les sirvan.

Considera la posibilidad de crear un documento de una sola página con la noticia que quieres darles, que puedas adjuntar a un correo electrónico, copiar e incluir en una carta, enviar por fax o dejar en las oficinas del cliente. El sistema de entrega es lo único que varía.

Qué enviar

La respuesta a esta pregunta es: *algo de valor para el cliente*. Ejemplos de esto serían: información sectorial, consejos, notas de recordatorio, anuncios, cupones o regalos.

Ejemplos:

- En tiempos difíciles, es aconsejable que los asesores financieros envíen consejos sobre cómo administrar el dinero, teniendo en cuenta las diversas etapas de la vida, junto con una oferta para revisar la situación particular de cada cliente. Si ha aparecido un nuevo producto que entrañe menos riesgo en el mercado de valores, se podría incluir información sobre él (o, por lo menos, se debería enviar un prospecto que despierte la curiosidad).
- Los agentes inmobiliarios podrían enviar ofertas para hacer evaluaciones de mercado comparativas y gratuitas para que los clientes dispongan de una información actual y precisa del valor de su propiedad. Incluso si el resultado no es el que les gustaría, la mayoría apreciarán contar con datos fiables.
- Podría ser aconsejable que los agentes de seguros ayudaran a algunos de sus clientes a ahorrar dinero, aunque esto signifique reducir un poco la cobertura para conservar su negocio o, si están en una situación de alto riesgo, aumentando la cobertura para protegerlos de otros que pudieran querer aprovecharse de ellos.

- Las empresas de servicios podrían ofrecer un servicio a un precio reducido (o incluso gratis) una vez que el cliente haya utilizado otros tres, cinco o diez servicios.

Cuando tienes algo nuevo que comunicar

Si ofreces un producto o servicio nuevos, no te pongas a llamar a todo el mundo para contárselo. Por el contrario, si es oportuno llamar por teléfono, empieza preguntando si siguen estando satisfechos con tu producto y servicio. Luego di: «Dado que es un cliente satisfecho, valoramos su opinión. Si fuéramos a ofrecer nuevos servicios, ¿le interesaría conocer más detalles?» ¿Oyes lo agradable que suena? Si dicen que sí, continúa con una pregunta, en lugar de una afirmación, sobre el servicio. «Hemos averiguado que muchos de nuestros clientes no cambian los filtros del horno con la frecuencia recomendada por los fabricantes, ¿qué opinaría de un servicio que le entregara nuevos filtros en su casa durante la semana en que debería cambiarlos?» En esencia, les has informado de qué es el nuevo servicio, pero no de la manera en que lo haría un vendedor estereotipo. Les has pedido su opinión. Es un planteamiento más suave y da buenos resultados con tus actuales clientes satisfechos. Has creado una oportunidad para que te digan si quieren contratar ese servicio. Si es así, ¡véndeselo! Si no, pregunta qué clase de servicio les interesaría. Podrías dar con una idea para un nuevo centro de beneficios para tu empresa.

Los fontaneros podrían ofrecerse para comprobar los filtros de todos los grifos de la casa cuando acuden en respuesta a una llamada. Si es oportuno, primero desconecta el contador de horas y, luego, propónselo. Es algo en lo que piensan pocas personas, hasta el momento en que hay un problema. Es un sencillo gesto por tu parte y demuestra que estás dispuesto a ir más allá de lo que se espera de ti.

¿De qué otro modo puedes servir a tus clientes? Hace poco leí un artículo sobre un pequeño establecimiento que vendía más que la cadena local. Añadían un sencillo servicio que aumentaba sus ventas de forma significativa. Ofrecían los mismos productos que las grandes cadenas. Incluso tenían un servicio de recogida sin bajar del coche *(drive-through)* para las recetas médicas. La diferencia es que uno de sus empleados del departamento de farmacia estaba disponible a través de un *walkie-talkie*. A los clientes que recogían sus recetas en la ventanilla del *drive-through* les preguntaban si necesitaban algo más, como aspirinas, un medicamento para el resfriado, una almohadilla térmica, vendas u otros productos.

Piénsalo. Si te sientes tan mal que el médico te ha recetado un antibiótico o un analgésico, quizá quieras alguno de estos productos adicionales, pero no te sientes con ánimos para entrar en la tienda. Cuando el cliente dice que necesita alguna de esas otras cosas, se le comunica al empleado por el *walkie-talkie*. Esta persona coge un cestillo y lleva rápidamente los artículos pedidos al sector de farmacia para que los cobren. No es una idea propia de ciencia aeroespacial, pero elevó los ingresos de la tienda a un nuevo nivel. Si el cliente ha pedido demasiadas cosas y se le pueden entregar por la ventanilla de servicio, sólo tiene que conducir hasta la entrada principal, donde el empleado los espera y les coloca las bolsas en el coche.

¿Qué otras ofertas encontrarían valiosas tus clientes, sean de pago o gratuitas?

Hacer más de lo que se espera para prestar servicio

Como mínimo, empieza a crear una base de datos con otros servicios de calidad, además de los tuyos, que puedas recomendar a tus clientes. Si eres fontanero, ten a punto el nombre y número de teléfono de una buena empresa de mampostería o de pintura. Los agentes inmobiliarios son especialmente buenos elaborando este tipo de listas de operarios, jardineros, limpiadores de piscinas, etcétera, para los que compran casas de segunda mano o propiedades que necesitan restauración.

Todos deberíamos aprender la lección de la película *Milagro en la calle 34*. El Papá Noel de Macy's le dice a un niño que recibirá un cierto juguete por Navidad. Cuando la madre se entera de lo que ha dicho tiene un disgusto, porque Macy's ha agotado ese juguete. Papá Noel le dice que lo podrá encontrar en Gimbels, el competidor de Macy's. Al principio, los directores de Macy's quieren despedirlo por enviar a los niños a la competencia, pero cuando se dan cuenta de la buena voluntad que ha generado y ven cómo ha aumentado la fidelidad de sus clientes, la historia cambia. ¿Te encuentras con que tus clientes tienen necesidades que no puedes satisfacer? Si es así, sé un héroe y ayúdales a encontrar un lugar de calidad donde las satisfagan.

Si eres autónomo o trabajas para una pequeña empresa, deberías ser capaz de actuar rápidamente y adaptarte a las necesidades de tus clientes. Sé creativo, flexible y fiable. Los clientes te verán como parte de su equipo, en lugar de como un recurso externo.

Si un único sector, el tuyo, se ve atacado por noticias de prensa negativas, considera la posibilidad de enviar tu propia información positiva sobre la longevidad de la empresa, vuestro historial de servicio y vuestro compromiso con mantener el mismo rumbo. Incluso puedes incluir algunas medidas que estás implantando para asegurar un servicio continuado a tus clientes.

Otra idea es enviar recordatorios de tus servicios. El sector del automóvil y los servicios relacionados lo hacen muy bien. ¿Quién no ha recibido una tarjeta o un correo electrónico recordatorio sobre cambios de aceite, rotación de neumáticos y otros servicios parecidos? Lo mismo puede decirse de las empresas de calefacción y aire acondicionado. ¿Cómo podrías aplicarlo a tu negocio?

Si tu empresa se está expandiendo e incorpora más empleados de servicio al cliente, comunícaselo a los clientes. Preséntales a los nuevos empleados por su nombre (con fotos de sus caras sonrientes, si es apropiado) y un par de líneas sobre su experiencia o posición. A los clientes les gusta saber por quién preguntar y tener una imagen mental de la persona con la que hablan por teléfono.

En el sector de los seguros es corriente regalar calendarios y mapas de carreteras puestos al día. Los clientes han acabado dando estos regalos por sentado. No sólo son cómodos, además les ahorran el gasto de comprarlos. Piensa en algo que a tus clientes les gustaría recibir de ti. Luego, planea cuándo y cómo enviárselo. Mantener tu nombre delante de ellos, de una manera positiva, y con una frecuencia programada hace mucho por construir fidelidad, la cual, a su vez, genera negocio por recomendación.

Hablando de negocio por recomendación, ¿tienes un programa de este tipo en marcha? Muchas empresas ofrecen créditos de un cierto valor en dólares por cada cliente al que le has sido recomendado y que hace una compra. Los clientes leales que te ponen en contacto con nuevas oportunidades de negocio podrían ganar suficientes créditos como para representar una diferencia real en su siguiente compra. Algunas personas se sentirán tan motivadas para ganar 25, 50 o 100 dólares en créditos que te proporcionarán nuevos clientes que te harán ganar miles de dólares. Y si tienen una acumulación de créditos contigo, ¿por qué iban a hacer negocios con otra empresa? ¡Este es el valor que tiene trabajar para crear clientes fieles!

Cómo aproximarte de nuevo a un cliente al que has descuidado involuntariamente

En un mundo perfecto, estaríamos tan bien organizados y cumpliríamos tan bien con nuestros deberes que nunca descuidaríamos a ninguno de nuestros clientes. Pero somos humanos. Esas cosas pasan. Y nos encontraremos en situaciones en que no hemos prestado nuestro mejor servicio a un cliente. Esperemos que no suceda con frecuencia (o que no pase después de que hayas aplicado las medidas expuestas en este capítulo). No obstante, como decíamos en un capítulo anterior, esto se llama responsabilidad. Tu compensación vendrá dada por lo satisfechos que estén tus clientes. Si no estás contento con tu compensación económica, es muy probable que algunos de tus clientes no estén contentos con tu servicio.

Por difícil que pueda ser reunir el valor para hacerlo, tu mejor planteamiento con un cliente al que has descuidado será el mismo que utilizaste para captarlo como cliente. Si fue un encuentro en persona, deberías hacerlo cara a cara. Si lo ganaste como cliente por teléfono, llámalo.

Puedes esperar que un cliente al que no has prestado atención desde hace un tiempo se muestre indiferente, te vuelva la espalda o sea claramente hostil debido a tu falta de servicio. Y te merecerás todo lo que recibas. No obstante, una vez que decidas que conservarlo importa más que recibir una regañina o que te amenacen con cambiar de proveedor, no te resultará tan difícil hacerlo.

El primer paso es reconocer tu falta de servicio. Sin excusas. «Señora Joplin, sé que no le ha dado mi mejor servicio. Espero que acepte mis más sinceras disculpas y me permita continuar ayudándola con el problema del control de plagas.» Puede que descubras que el cliente ya ha encontrado otro proveedor. Si es así, tendrás que esforzarte mucho para conseguir el derecho a contarlo de nuevo como cliente.

Si no les ha importado mucho que dejaras que se las arreglaran solos, te lo dirán y pasarán directamente a hablar de lo que les está pasando a ellos o a su empresa, esperando que les des alguna indicación de cómo puedes ayudarlos con productos o con un servicio mejor.

Cuando un cliente te vuelve la espalda y te pone dificultades para que recuperes su confianza, tienes que ser humilde y esforzarte lentamente para volver a congraciarte con él. La confianza, una vez perdida, es muy difícil de recuperar. Pero se puede conseguir, si las dos partes están dispuestas. Quizá tengas que empezar con el pedido más pequeño nunca recibido. «Comprendo que no se sienta contento conmigo en este momento. No obstante, espero que considere la posibilidad de hacerme un pedido pequeño ahora para permitirme que le proporcione el nivel de servicio que se merece.» Proporcionándole una atención extra y un servicio de seguimiento adecuado, pronto deberías empezar a ganarte toda su confianza y sus pedidos.

Si alguno de tus clientes está furioso por tu falta de servicio y se siente más que satisfecho al decírtelo, míralo por el lado positivo. No ha dejado de hablarte, aunque no sea con las palabras que te gustaría oír. Como sabes que te lo mereces, deja que se desahogue. Al final se calmará. Haz que hable de cómo le gustaría que se atendieran sus necesidades. Una vez que habléis de forma positiva sobre cómo trabajarás con él en el futuro, quizá te encuentres con que lo conservas como cliente. Si de verdad le gusta tu producto o servicio, puede que sólo tengas que pedir disculpas y prometer que lo harás mejor en el futuro. Es mejor si eres específico sobre cómo lo harás. «Le entregaré personalmente su primer pedido y ayudaré a su personal a comprobar que todo está bien.

Luego, con usted y con la persona encargada, haré el seguimiento de la eficacia del producto. Si tiene cualquier otro problema con el artículo o conmigo, quiero que me lo diga para poder rectificar la situación de inmediato. Después, estaré en contacto cada mes. De hecho, ¿por qué no me dice cuándo y cómo le gustaría que me mantuviera en contacto? Lo anotaré en mi calendario de seguimiento ahora mismo.» Practica para decir esto con sinceridad. Si se ha producido esta situación, más te vale ser sincero sobre este aspecto. Si lo dices con demasiada rapidez, darás la impresión de estar preocupado o asustado por perder su negocio. No te conviene, nunca, actuar desde una posición de miedo.

Si el cliente tiene problemas con tu producto y tú no le has prestado atención, eso es una historia diferente. Si sigues dejándolo de lado el tiempo suficiente, puede que se vaya a la competencia, pero dañará tu reputación (y posiblemente la de la compañía) al mismo tiempo. Permanecer en contacto de forma regular debería impedir que esto sucediera.

Es fácil ser fiel a alguien cuando lo conoces en persona. Piensa en dónde haces negocios. ¿Vas siempre a la misma tintorería o tienda de comestibles? ¿Es sólo por comodidad? ¿Has comparado servicios y precios para averiguar si hay un establecimiento que satisfaga mejor tus necesidades?

Somos criaturas de costumbres y, con frecuencia, no buscamos el cambio a menos que nos sintamos descontentos del lugar donde estamos. Pero, ¿cómo llegaste ahí?

Por ejemplo, yo hace años que voy a la misma tintorería. En mis recorridos diarios por la ciudad, es probable que pase por delante de otras tres o cuatro que ofrecen los mismos servicios y que incluso podrían ser más cómodas para mí, pero ni siquiera las miro dos veces. Soy fiel a mi tintorería. ¿Por qué? Sus empleados siempre me reciben con una sonrisa. Muchos llevan allí muchos años y me conocen por el nombre. Hacen un buen trabajo y la ropa siempre está lista a punto. En unas cuantas ocasiones en que he necesitado un trabajo urgente o un pequeño arreglo, han hecho el esfuerzo extra necesario. Todo se reduce a esto: me hacen sentir bien en mis relaciones comerciales con ellos. ¿Tus clientes dicen lo mismo de ti? Si es así, enhorabuena. Triunfarás. Si no, tienes algo de trabajo que hacer.

El contacto humano

La mayoría de lo que hemos visto hasta ahora guarda relación con tus relaciones con tus clientes a partir de tu iniciativa. Pero, ¿qué hay de las llamadas que ellos hacen a tu empresa? ¿Qué se hace para que se sientan bien al ponerse en contacto contigo cuando necesitan algo que no puede esperar hasta tu próxima visita? Dirás que soy anticuado, pero insisto, nosotros tenemos una recepcionista que atiende nuestra línea telefónica principal durante las horas de oficina. Podríamos haber hecho lo mismo que hicieron muchas otras compañías hace años automatizando este servicio. Créeme, entiendo el valor que tiene para las compañías donde hay un número de llamadas extremadamente alto que esas llamadas vayan a un sistema de mensajes de voz, pero no creo en él para las empresas de menos tamaño. Estoy convencido de que tener una buena recepcionista que sea el primer contacto que alguien tiene con mi firma compensa con creces el salario que le pagamos.

No entiendo cómo algunas compañías esperan construir fidelidad del cliente cuando el único contacto de entrada que éste puede tener es una voz grabada que le da instrucciones para llegar a las respuestas que necesita. ¿Cuántos pasos del sistema tiene que recorrer el cliente para llegar a esas respuestas? Si un cliente tiene una pregunta rápida, ¿por cuantos aros tiene que pasar para recibir una respuesta? ¿Lo diriges a una página de «Preguntas más frecuentes» en tu página web? Aunque comprendo que esas páginas tienen sentido para contestar a las preguntas más habituales, ¿por qué obligar al cliente a buscar la respuesta? ¿Qué pasa si la pregunta respondida en tu lista no está formulada de la manera que él elegiría? ¿Por qué tendría que buscar en absoluto, cuando existe un servicio moderno llamado teléfono?

Aunque la mayor parte de la tecnología moderna es fantástica, me temo que algunas empresas se obsesionan por artilugios para ahorrar tiempo sin analizar la posible pérdida de negocio porque parecen impersonales. ¿Por qué querría pasar diez minutos o más buscando una respuesta en una página web cuando cualquiera de los miembros de tu personal podría contestarla al momento? ¿Cuánta fidelidad me inspira esa voz que me ofrece la oportunidad de pulsar 1, 2, 3 o 4? Ninguna. Esos sistemas pueden ser cómodos y ahorrarles tiempo a tus clientes establecidos cuando buscan una respuesta, pero pueden ser un obstáculo insuperable para los nuevos clientes que intentan establecer relaciones comerciales contigo.

Compara el valor de los clientes que conservas (y mantienes contentos) contra lo que inviertes en una persona muy cortés que conteste el teléfono y ofrezca una ayuda inmediata y de palabra.

Campañas para construir fidelidad

Si buscas ideas para construir fidelidad, es sensato aprender de otras compañías que lo están haciendo con éxito. Empieza por las empresas que cuentan con tu fidelidad. ¿Qué hacen por ti más allá de proporcionarte los productos y servicios que adquieres? ¿Con cuánta frecuencia te hacen llegar información? ¿De qué manera?

Entre las compañías que tienen una sólida fama de retención de clientes (fidelidad) están las siguientes: L. L. Bean, Omaha Steaks, Harry & David, Sears y aseguradoras como State Farm, Nationwide y Aflac. Por favor, recuerda que no quiero decir que cualquier compañía que no esté anotada aquí lo esté haciendo mal en cuanto a conseguir la fidelidad de sus clientes. Las empresas anteriores son sólo unas cuantas con buena reputación que se me ocurren.

También hay *marcas* de productos a las que somos fieles. ¿Compras una marca dada de mantequilla de cacahuete? ¿Lo haces porque te gusta, porque es barata o porque tu madre siempre la compraba? ¿Conduces un automóvil de una marca en particular porque tu padre siempre conducía vehículos de esa marca y estás familiarizado con ella? ¿De dónde procede tu fidelidad? Comprender mejor las razones de tu fidelidad debería ayudarte ofreciéndote ideas para construirla con tus clientes.

Si sigues sin estar seguro de qué daría resultado para construir fidelidad entre tus clientes, considera la posibilidad de involucrarlos en el proceso. Muchas empresas llevan a cabo encuestas entre sus clientes para averiguar qué los motiva a continuar sus relaciones comerciales con ellos. Las encuestas son unas herramientas fantásticas. Puedes hacer preguntas como: «¿Qué tal lo hacemos?» O preguntar sobre ofertas específicas o productos adicionales que quizás estéis considerando para el futuro. Es una manera estupenda de tantear el terreno antes de introducir algo nuevo.

Uno de los beneficios de las encuestas, en particular si utilizas una herramienta online, es que puedes crear un informe global mostrando gráficos circulares u otras formas de análisis de las respuestas. Es mejor que la encuesta sea corta, entre seis y diez preguntas. Cuando los tiempos son difíciles nadie quiere ni se le debería pedir que dedique mucho de su tiempo a hacer algo por nosotros.

Nota: Si vas a utilizar una encuesta, recibirás más respuestas si ofreces un regalo o recompensa a los que respondan. Puede ser algo que ofrezcas online o un objeto que enviarás cuando lleguen los resultados. Eso sí, asegúrate de que sea algo con un valor real para tus clientes.

Las preguntas adecuadamente formuladas pueden generar respuestas que te informan de lo que está pasando en su empresa; el efecto que los problemas de la economía en general pueden tener en ella durante los próximos dieciocho a veinticuatro meses; sus planes para capear la tormenta o para seguir siendo dueños de la situación; para anticipar una reducción de personal, hacer pedidos de menor tamaño o mantener el *statu quo*.

Es necesario que tengas cuidado con las preguntas que haces en una encuesta online, porque pueden ser un tanto impersonales. Si eres una empresa pequeña, con pocos clientes, será mejor que lleves a cabo la encuesta tú mismo. No tendrás los mismos detalles informativos que proporciona el *software*, pero quizá consigas mejores respuestas. Si haces la encuesta por teléfono, te aconsejo que limites las preguntas a dos o tres y les digas a tus clientes: «Tengo dos o tres preguntas rápidas que hacerle». Demuestra siempre que valoras su tiempo.

Si es apropiado para tu sector y producto, quizá quieras invitar a un pequeño grupo de clientes de campos no competitivos entre sí a un almuerzo juntos y sostener una mesa redonda para discutir los cambios de la economía o la forma en que tus productos puedan satisfacer mejor sus necesidades. Muchos de mis alumnos han descubierto que esto es un recurso fantástico y que sus clientes formaban relaciones en red como beneficio adicional de la reunión. ¿Y quién ha sido el héroe que ha creado esto? El vendedor. Era una situación en la que todos salen ganando.

Es un privilegio satisfacer las necesidades de otros. Tómatelo en serio. Recuerda siempre que otros proveedores están tratando de captar a tus clientes, igual que haces tú con los suyos. Valora a tus clientes y trátalos bien, y seguirán siendo fieles a ti y a tu empresa.

Resumen

- Comprendes que la fidelidad se construye a lo largo del tiempo y prestando una atención constante a tus clientes.

- Acabas cada reunión con tus clientes con estas palabras: «¿Puedo hacer algo más por usted?»

- Tienes múltiples ideas para construir la fidelidad del cliente por medio de llamadas telefónicas, correo electrónico y correo postal.

- Sabes cómo abordar a un cliente que has descuidado para recuperar su confianza y conservar su negocio.

- Empezarás un estudio de otras compañías que tienen clientes fieles e incorporarás algunas de sus estrategias a tu empresa.

6

El éxito está en quien ya conoces

> En el mundo de los negocios, los hombres poco sensatos toman más de lo que dan. No comprenden que están rompiendo la Ley Universal que acabará rompiéndolos en igual medida. Quizá no se salde en dólares y centavos sino en la pérdida del fondo de comercio en el que se basa su negocio futuro.
>
> WALTER RUSSELL

Cuando nos enfrentamos a tiempos difíciles, es preciso contemplar lo que nos rodea desde hace tiempo como si lo viéramos por primera vez. ¿Qué significa esto? Sabiendo que necesitas conservar todos los clientes que puedas, necesitas prestarle a cada uno una atención especial. Revisa tus relaciones anteriores con cada uno y la situación actual de su cuenta. Busca cambios en su manera habitual de pasar pedidos para recoger ideas que te ayuden a servirlos mejor. Ponte en su lugar mentalmente para ver las cosas desde su punto de vista.

Si ofreces un producto que es utilizado por toda la empresa —por ejemplo, *software*, impresoras o fotocopiadoras— quizá te convenga pedir que te autoricen a pasar un día en sus oficinas. Convertirte en la sombra de algunos de los mayores usuarios de tu producto podría ayudarte a identificar otras maneras de ayudarlos. Puede que Sally, de contabilidad, sea tu principal contacto, pero Carol, de RRHH, usa el mismo programa de *software* y podría beneficiarse de un poco más de formación sobre su manejo. Sin embargo, no lo averiguarás a menos que tengas la oportunidad de ver cómo lo usa. Y Carol quizá conozca a jefes de RRHH de otras empresas a quienes podría recomendarte, en especial cuando averigüe otras ventajas de trabajar con tu producto.

Piensa en los productos y servicios que cada empresa cliente te ha comprado en el pasado. ¿Hay disponibles otras alternativas que podrían resultar más económicas, de manera que puedan seguir pasando pedidos por la misma cantidad que antes, pero ahorrando dinero? O, si están encargando cantidades más pequeñas, ¿podría ser el momento de que probaran un producto de más calidad, sin que cambiara el mismo valor en dólares de sus pedidos? No lo sabes, a menos que lo preguntes, ¿no es verdad?

Podría ser que hace tiempo que tus clientes no prestan mucha atención a la manera en que suelen pasar sus pedidos y tu análisis podría poner en marcha algunos cambios. Claro que siempre existe el riesgo de que esos cambios sean para pedir menos, pero tú, el vendedor, no te limitarás a entregarles el análisis y dejarlos que extraigan sus propias conclusiones. En tu análisis incluirás propuestas para que prueben productos de mayor calidad (con mayores márgenes de beneficio) o incluso para que añadan algunos productos nuevos a sus pedidos actuales.

Amplía tu manera de pensar para que incluya la manera en que puedes satisfacer sus necesidades más allá de la oferta del producto. ¿Qué está sucediendo en tu sector o en los sectores de tus otros clientes que podría ser de utilidad para todos? Por supuesto, no se trata de que reveles ningún secreto ni información confidenciales. No obstante, si Auto Sales, de John, tiene éxito enviando tarjetas por correo, no habría nada malo en contárselo a Quilt Shoppe, de Sally.

Es de esperar que revisar tus notas te lleve a recordar tus conversaciones en la empresa de cada cliente. ¿Se dijo algo sobre una compañía competidora o sobre uno de los clientes de esta compañía, mientras estabas en la sala esperando tu reunión? ¿Y mientras trabajabas para establecer una relación con el encargado de compras? ¿Algo de lo que se dijo entonces hace que ahora te preguntes a quién más conoce este cliente?

Aunque Bill y Sue Consumidor te dieron varias referencias cuando les hiciste la primera venta, si son como la mayoría de clientes, conocerán a gente nueva todo el tiempo. ¿Has seguido en contacto con ellos y les has proporcionado un buen servicio? ¿Hablas con ellos de lo que pasa en su vida o te limitas estrictamente a temas profesionales? Quién sabe, a lo mejor se han inscrito en un gimnasio o han entrado en un grupo social y han conocido a un puñado de gente nueva que podrías incorporar a tu red a través de ellos. ¿Has continuado solicitando que te presenten a posibles nuevos clientes?

La frase *presentación de calidad* es algo que enseño desde hace bastantes años. En esencia, es ganarse el derecho a pedir a tus clientes actuales que te recomienden a sus amigos, parientes y relaciones de negocios. Pero, en lugar de limitarte a preguntarles el nombre y la información de contacto de esas personas, organizas las cosas de una manera diferente y les pides que te presenten. La imagen mental que creas es distinta y, en la venta, esta clase de diferencia es buena.

Por ejemplo, imagínate que estás en una fiesta. Estás hablando con Kathy, una conocida tuya, sobre cómo van las cosas en tu empresa. Con un gesto, ella señala a una mujer, al otro lado de la estancia, y dice: «Marsha tiene interés en esto. De hecho, trabaja con X-Co. Utilizan este tipo de productos». Te acaban de dar una oportunidad para utilizar una recomendación. Podrías ir directamente a Martha, presentarte y decir: «Hola. Me llamo Kevin. Estaba hablando con Kathy y me ha comentado...», y tratar de iniciar una conversación.

¿No sería mucho mejor que le pidieras a Kathy que te acompañara y te presentara a Marsha? Ella ya la conoce y Marsha bajará la guardia, más de lo que lo haría contigo, un absoluto desconocido que la aborda utilizando el nombre de Kathy. Es Kathy quien se le acerca, contando con la buena relación que tienen y acompañada por ti, casi como si presentarte fuera un regalo. «Hola Marsha. Me alegro de verte. Estaba hablando con Kevin y mencionó que su empresa hace X. Sé que estás familiarizada con eso, así que se me ha ocurrido presentaros. Marsha, este es Kevin Perkins; Kevin, Marsha Taylor.» Y tú sigues a partir de ahí.

Se puede hacer lo mismo por teléfono. Cuando surge un tema apropiado relativo al negocio y Mike te dice que hace poco ha conocido a Carl, que utiliza el tipo de servicio que tú prestas, consigue tantos detalles de Carl como sea posible. Luego, pregúntale a Mike si querría presentártelo. Si, como cliente, está satisfecho contigo, le alegrará hacerlo. Lo único que necesita es hacer una llamada rápida para decirle a Carl que te ha pedido que te pusieras en contacto con él. No hace falta nada más.

No es necesario que Mike trate de venderle a Carl tu producto. En realidad, te interesa desalentar a Mike de decir demasiado sobre el producto o servicio... Haz que sólo diga que eres un hombre (o una mujer) genial. Mike nunca le hará justicia al producto. Lo único que debes esperar que diga es que es fantástico y que le ha ahorrado mucho a su compañía, que ha aumentado su negocio o lo que sea que haga. Vender el producto es tarea tuya. Su parte, si está dispuesto a ayudarte, es abrirte la puerta con esa presentación de calidad.

¿No es mucho mejor conseguir una presentación de calidad que tratar de ponerte en contacto por ti mismo? Te sorprendería averiguar cuántos Kathy y Mike hay en el mundo que ni siquiera son conscientes de la cantidad de gente que conocen, a menos que tú empieces a preguntarles. Y están más que contentos presentándote. Les hace sentirse bien. Cuando Kathy presenta a dos personas y da buen resultado, su buena fama aumenta y hay más gente que quiere conocerla. Es una espiral abierta de oportunidades.

Cuando un encargado de compras, Robert, asciende en la empresa, es probable que empiece a conocer gente de otros departamentos o sucursales a los que tú podrías servir. No olvides permanecer en contacto con él, aunque lo hagas con menos frecuencia que con su sucesor, que es quien ahora se encarga de comprar tus productos. No te interesa que el nuevo agente de compras piense que pasas por encima de él o ella al hablar con Robert después de que éste haya pasado a su nuevo puesto. Sin embargo, tampoco dejes que las buenas relaciones con Robert se deterioren por falta de cuidados.

¿Tiene sentido para ti que si John y Mary pertenecen al grupo X, deben de conocer a otras personas como ellos, que necesitan tu producto? Si has estado satisfaciendo adecuadamente las necesidades de John y Mary desde que los ganaste como clientes, es probable que estén dispuestos a presentarte. Sólo tienes que pedírselo.

Recuerda nuestra lección de un capítulo anterior y asegúrate de *dar algo* antes de *pedir nada*. *Da* un servicio excelente. *Da* una idea creativa de la que puedan beneficiarse. *Da* una información valiosa. *Da* presentaciones de calidad.

Recuerda siempre las presentaciones de calidad que puedes hacer para tus clientes. Sé como la «Kathy» de nuestro ejemplo anterior. Si puedes crear círculos concéntricos de influencia a tu alrededor, donde vayas conociendo gente nueva constantemente y ayudándolos al presentarlos unos a otros, verás que la reacción positiva que provoca este *servicio* te traerá casi más negocio del que puedes manejar, en cualquier situación económica.

Compáralo con entrar en la lista A de las fiestas de Hollywood. Te mueves en la órbita más alta. Conoces a las personas adecuadas y todo funciona para bien de todos los involucrados. La gente de tu círculo te conoce, les gustas y confían en ti. Por ello, cuando haces una presentación de calidad se la toman en serio, y los nuevos conocidos se tratan mutuamente con un cierto nivel de respeto que consigue nuevas relaciones más rápidas y, con frecuencia, mejores para todos. Es una situación en la que gana todo el mundo, y eres tú quien la has creado.

Cuando la empresa cierra o reduce plantilla

Cuando nos enfrentamos a problemas en un sector o en la economía en su conjunto, es preciso que las cosas cambien. Tanto las empresas como las personas tienen que adaptarse. Demasiadas personas temen el cambio porque sólo ven su lado negativo. Es de esperar que no sea tu caso. Puede parecer algo trillado, pero todos necesitamos aceptar el cambio. Cambiar es la única manera de mejorar. Tomemos prestada una cita del difunto Earl Nightingale, el gran orador motivacional: «Si no avanzas en los negocios, estás manifestando las primeras señales de la muerte. La misma ley se aplica a ti, personalmente».

«Avanzar» entraña cambiar. De acuerdo; que nos impongan el cambio a la fuerza o que nos caiga encima por sorpresa no es divertido, pero cuando eres un auténtico profesional en tu sector, esto sólo debería pasarte en raras ocasiones. Si te has tomado en serio la información que has leído hasta ahora en este libro, serás uno de los que encabecen la oleada del cambio. No te cogerá por sorpresa cuando aparezca en el horizonte y te situarás en posición de cabalgar esa ola, sin peligro, hasta la orilla.

En *Lead the Field*, Earl Nightingale plantea que todos somos, en última instancia, los presidentes de nuestras propias corporaciones personales. Dice también que nuestro principal trabajo es aumentar el valor del capital de nuestra empresa cada año. Hacerlo exige que cambiemos y crezcamos constantemente.

Te animo no sólo a que leas y apliques la información de este libro, sino a que continúes leyendo, escuchando casetes motivacionales (como *Lead the Field*), a que asistas a seminarios en persona o en la Red, o tomes clases —en especial las dedicadas a habilidades de comunicación— para mejorar tu eficacia en la empresa de forma regular. Si de una conferencia o un libro sacas aunque sólo sea una idea que te ayude a forjar una relación mejor con tus clientes, ya vale el tiempo y el dinero que has empleado.

Por desgracia, siempre hay algunas empresas que no consiguen superar sus dificultades por las razones que sean. Quizá tienen gastos generales muy altos o han perdido un cliente importante cuyos pedidos representaban la mayoría de sus ventas. Tal vez su sector ha encajado un duro golpe y ellos no estaban preparados para adaptarse.

El rápido ritmo actual del desarrollo de productos hace que, a veces, los existentes queden obsoletos tan deprisa que resulta mareante. Los vendedores que no están preparados piensan que a ellos no les pasará nunca. Se ven sorprendidos por la competencia y obligados a empezar de nuevo en algún otro sitio. Si comercializas algo considerado un producto de moda, es probable que veas llegar el cambio, rápido y seguro. En terrenos donde la demanda tiene una base más sólida y el crecimiento ha sido constante, es más probable que el cambio sea más lento.

No importa cómo se produzca, la cuestión es que se produce. Es de esperar que tu empresa no sea una de las que cierra. Si lo es, tienes que evaluar la posición y la reputación que tienes en tu campo o en tu comunidad. Si siempre has sido uno de los buenos y tienes un buen historial de ventas, es probable que haya demanda de tus servicios por parte de otra compañía que ha sobrevivido. Los supervivientes inteligentes dejarán marchar a alguien con menos logros para poder contratar a alguien que ha demostrado su valía. Por eso sobreviven.

Cuando busques un nuevo empleo, no lo hagas pensando sólo en tu próximo sueldo. Es necesario que consideres dónde te valorarán más, debido a tu experiencia y a tus relaciones con los clientes. Te conviene trabajar para una empresa que aprecie a sus vendedores; una empresa que haga planes para el futuro y que tenga una nueva línea de productos a punto de aparecer.

Muchas compañías solicitan de sus vendedores que no vayan a trabajar para la competencia en caso de dejar la empresa. Algunas incluso recogen este requisito legalmente en sus contratos. No obstante, estas cláusulas pueden resultar nulas de pleno derecho si la empresa se hunde. Tienes que estar seguro al cien por cien de tu situación, en el caso de que esto suceda. Si te gusta tu sector y quieres trabajar para un competidor superviviente, debes pisar un terreno seguro desde el punto de vista legal. De lo contrario, a la larga, te perjudicarás y perjudicarás al sector.

Si tu empresa cierra y puedes trabajar para un competidor, no te subas al primer tren que pase. Piensa en tus clientes: (1) ¿Qué empresa servirá mejor a sus necesidades si ellos te siguen? (2) ¿Te seguirán?

Es de esperar que conozcas anticipadamente cualquier cambio importante que se vaya a producir en la empresa; por ejemplo si va a cerrar, discontinuar una línea de productos o eliminar oficinas locales. Si es apropiado y legal hacerlo, te conviene advertir a tus clientes, pero sólo de los cambios que los afecten. En el caso de que la compañía cierre, garantízales que tienes intención de superar las dificultades y continuar trabajando en el sector con una empresa de calidad. Si les han ofrecido un buen servicio, quizá te pidan que les digas dónde irás para poder seguir contigo. Les ahorraría mucho tiempo y molestias no tener que buscar un nuevo proveedor y formar a un nuevo representante de ventas para que se ocupara de sus necesidades concretas.

Si no puedes hablar con ellos del cambio con antelación, prepárate para ponerte en contacto con ellos en cuanto sea posible hacerlo. Sin ninguna duda, entre tus competidores se habrá corrido la voz de que tu compañía no seguirá en activo mucho tiempo y estarán impacientes por hacerse con tus clientes huérfanos, contigo o sin ti.

Si les has dicho a tus clientes que trabajas sólo con la mejor empresa, estupendo. No obstante, si has sido poco profesional, has hablado mal de la competencia, y luego tienes que buscar empleo en una de esas empresas competidoras, ¿qué impresión darías? En una situación así es probable que tus clientes empiecen a buscar, por su cuenta, una empresa mejor con la que trabajar, y un representante más profesional.

Si buscas un nuevo empleo en la compañía que más probabilidades tiene de sobrevivir a los actuales tiempos difíciles, asegúrate de que también ofrece un producto decente. Si tu empresa actual se hunde, los clientes seguirán necesitando ese tipo de producto. Si indagas a fondo y decides que es una buena elección, es probable que tus clientes hagan el cambio contigo. Tendrás la ventaja de empezar en una nueva empresa con una base de clientes ya existente. Aunque la estructura de la retribución sea diferente de la que tenías en tu anterior compañía, tus ingresos no sufrirán un golpe tan fuerte, debido a lo hábil de tu transición.

Cuando tengas que cambiar porque tu anterior empresa ha cerrado, piensa en lo que aportas a la nueva compañía; tu experiencia, tu conocimiento del producto y el sector, y tus clientes. Durante el periodo en que llevas a cabo la diligencia debida, es lógico dejar que tu posible nuevo empleador conozca tu historial, claro. No obstante, también es necesario que le des una idea aproximada de qué porcentaje de tus antiguos clientes puede hacer el cambio contigo. Puedes utilizarlo, en cierta medida, como baza negociadora a fin de conseguir el mejor producto para esos clientes antiguos y, posiblemente, una prima por firmar el contrato para ti. Hazlo sólo si estás convencido de que la nueva compañía puede ofrecer un producto de sustitución excelente. Como sucede con todas las negociaciones de la profesión de ventas, la ética siempre es lo primero.

Cuando la competencia se hunde

¿Adónde van todos sus clientes cuando una empresa de la competencia cierra? A menos que sus vendedores sean tan buenos como tú para ayudarlos a hacer la transición a un nuevo proveedor, quizás estén un tanto desorientados. Tendrán que dedicar tiempo y esfuerzos a buscar nuevas fuentes de suministro. Si trabajas para una empresa que va a sobrevivir, te interesa hacer todo lo que esté en tu mano para conseguir esos clientes. En el mejor de los casos, tu compañía contratará a algunos de los mejores vendedores de la empresa que cierra, los cuales los traerán con ellos. Si tu empresa no está en situación de asumir nuevos gastos generales pero quiere esos clientes, quizá te toque a ti iniciar los contactos con esos vendedores para abrir brecha (o por lo menos, para hacerte con unos cuantos nombres de buenos clientes). Es posible que ya sepas quiénes son algunos de esos clientes porque no conseguiste convertirlos en clientes tuyos en el pasado.

Tal vez, la compañía podría idear alguna manera creativa de compensar a los vendedores de su anterior competidora, ofreciéndoles primas por su recomendación, si dirigen ese negocio hacia vosotros. De nuevo, aquí interviene la ética y es preciso que todos jueguen limpio para evitar cualquier repercusión legal o de otro tipo.

¿Cómo abordas a esos clientes? Con cuidado. Con suerte te verán como la respuesta a sus plegarias o como si llegaras montado en un blanco corcel, listo para poner manos a la obra. Valorarán que te hayas puesto en contacto con ellos, sabiendo que están en un aprieto o que la competencia los ha dejado en la estacada.

Algunos pueden incluso desconfiar un poco de hacer negocios contigo, dependiendo de cuál haya sido la causa de que tu competidor haya tenido que cerrar y de lo mucho que hayan sufrido debido a ello. No querrán empezar de nuevo con tu empresa y enfrentarse al mismo problema dentro de seis meses. Necesitan saber que piensas seguir en el negocio lo suficiente como para ayudarlos de verdad. No estarán dispuestos a jugarse su fidelidad en mucho tiempo. Con esas personas, tendrás que esforzarte más por ganarte su confianza; quizá tengas que empezar con pedidos pequeños para demostrarles lo bien que satisfaces sus necesidades.

Una idea para abordarlos es una variante de la estrategia de manejo de objeciones llamada «Haz que se pongan en tu lugar». Consiste en preguntarles cómo actuarían ellos si estuvieran en tu lugar: «Señor Parker, me gustaría decirle que comprendo por completo su situación; su temor a comprometerse con mi compañía en especial, ya que acaba de pasar por un problema con mi predecesor. Pero yo nunca he estado exactamente en su lugar. Sabiendo lo que sabe hoy, y si fuera el propietario de mi empresa, ¿cómo me aconsejaría que llevara la situación ante un cliente potencial que ha tenido una mala experiencia?» A continuación, escucha la respuesta. El señor Parker te dirá exactamente cómo quiere ser tratado. Entonces, cuando lo trates como él quiere, te lo habrás ganado como cliente.

Cómo conseguir que te presenten quienes no son clientes tuyos

Llegados a este punto del libro, has aprendido muchas maneras de abordar a tus clientes para generar contactos que lleven a conseguir nuevas ventas. Veamos ahora algunas ideas para lograr lo mismo de quienes no son clientes tuyos.

A menos que estés en el negocio de las funerarias, seguro que hay un numeroso grupo de personas que conoces, pero que no es probable que se beneficien de tu producto ni utilicen tu servicio. Hazte un favor y no los descartes. Estamos en un mundo pequeño. Si todavía no lo has experimentado, espero que pronto lo hagas. Todas las personas que conoces tienen otros amigos y conocidos, además de ti. Así que, incluso si ellas mismas no son candidatas a adquirir tu producto, es muy posible que conozcan a alguien que sí lo sea.

Incluso si vendes aviones para uso privado y tu lista de posibles clientes es relativamente corta, es probable que alguien que conoces conozca a alguien que pueda proporcionarte un contacto o presentarte a alguien. En el momento en que escribo este libro, algo más de diez mil jets privados sobrevuelan Estados Unidos de manera habitual. No hace falta decir que la lista de posibles clientes para pequeños reactores es bastante exclusiva. No obstante, si consigues entrar en ese exclusivo nivel a través del entrenador de fútbol de tu hijo, el masajista o la abuela de un cliente potencial, tienes que hacerlo.

Aunque los miembros de tu familia y tus amigos no conozcan directamente a las personas que podrían estar interesadas en tu producto o servicio, sí que conocen a personas que conocen a otras personas. Es tarea tuya mantenerte al día de lo que pasa en su vida y de los círculos en los que se mueven. Es preciso que plantes semillas constantemente para conseguir un contacto con alguien que encajaría bien en tu producto o servicio.

Cuando hables con cualquiera de tu círculo de conocidos, pregunta sencillamente: «¿A quién conoces que le guste viajar en autocaravana?» No preguntes: «¿Conoces a alguien?» Este tipo de pregunta casi siempre lleva a la misma respuesta: «No, no conozco a nadie». Cuando preguntas «¿A quién conoces?», el cerebro de la otra persona realiza un tipo de búsqueda diferente. Para responder a una pregunta con *quién* es necesario pensar. Lo mismo sucede para contestar a preguntas con *qué, cuándo, dónde* y *por qué*. Las preguntas con respuestas fáciles como sí o no, sólo producirán esas respuestas, así que evítalas cuando quieras que alguien se imagine la cara de un posible contacto o encuentre un nombre de su banco de memoria.

Haz las mismas preguntas a los dueños y los empleados de las empresas que frecuentes. Todo el mundo es accesible. Tu trabajo es dar con la manera adecuada de abordarlos.

Mi mentor, J. Douglas Edwards, solía contar la historia de un jugador de béisbol profesional que fue transferido a otro equipo. Los detalles del trato aparecieron en todas los periódicos locales de la ciudad a la que se iba a trasladar. Era un gran tema de conversación. En la zona, eran pocos los que no sabían que tenía hijos pequeños y un salario muy alto. Esto incluía a los vendedores. Sin embargo, a muy pocos se les ocurrió tratar de ganarlo como cliente.

Un vendedor de una agencia inmobiliaria envió al jugador una nota de enhorabuena por el traslado y le dio la bienvenida a la nueva comunidad. Adjuntó una tarjeta de visita y se ofreció para contestar a cualquier pregunta que el jugador pudiera querer hacer sobre la zona. ¿Sabes qué? Fue el único agente inmobiliario que se puso en contacto con el joven jugador. Lo llamaron y ayudó a la familia a encontrar una propiedad adecuada. Como hace la mayoría de agentes inmobiliarios, también preparó una lista de aseguradoras locales, información sobre escuelas, compras, iglesias, etcétera. Se convirtió en el contacto clave del jugador. Ganó unos buenos honorarios por el servicio en la venta de la propiedad y generó bastante negocio al recomendar a los que estaban en su lista.

¿En la lista de quién estás?

Si no tienes una lista de contactos propia para ofrecer a tus clientes los servicios de otros profesionales de calidad en sectores no competidores, crea una. Y convence a todos los que pongas en esa lista para que creen la suya y te incluyan en ella. Nunca se sabe dónde puede acabar una lista así... esperemos que en manos de clientes calificados que no tuviste que buscar tú mismo. ¿No es ese tu tipo de llamada favorito? «Hola, soy Angie Smith. Me ha dado su nombre mi agente inmobiliario/mi empresa de control de plagas/mi tintorero/mi jefe. Necesito...»

Es probable que Angie ya esté precalificada, y su resistencia a la venta será menor. Le ha dado tu nombre alguien en quien confía, aunque tú nunca hayas atendido a las necesidades de esa persona. Ocúpate de Angie. Luego llama a la persona que le dio tu nombre e infórmala de lo sucedido. Agradécele la recomendación. Si todavía no es cliente, busca una contrarreferencia y utiliza la satisfacción de Angie con tu servicio para abrir la puerta de esta persona.

El poder de una prensa favorable

En el año 2008, el gran jugador de baloncesto Shaquille O'Neal empezó a jugar para los Phoenix Suns, el equipo de la NBA en mi ciudad. Conducía una gran camioneta, adecuada para un hombre grande como él. Por desgracia, no hay muchos sitios para aparcar en las densas zonas comerciales ni alrededor de los muchos restaurantes. Un caluroso día de verano (casi 38 grados centígrados) Shaq tenía que reunirse con alguien para almorzar y se encontró con que tuvo que aparcar a varias manzanas de distancia del restaurante. Un aficionado lo reconoció y lo saludó. Shaq le pidió si podía acercarlo al restaurante. El aficionado se quedó sorprendido ante la petición y aceptó con mucho gusto. La parte que se convirtió en noticia fue que el aficionado conducía un coche compacto y a Shak le costó mucho meterse en él. El aficionado le hizo una foto dentro de su diminuto coche y Shaq hizo lo propio con él. Las fotos y la anécdota aparecieron en la sección de interés local del periódico.

Mientras que muchos lectores del artículo comentaron lo divertido que habría sido encontrarse con Shaq y hacerle un favor, yo pensé en la oportunidad. Si yo fuera el propietario de un restaurante de la zona y leyera el artículo, habría enviado un mensaje a Shaq diciéndole que, si deseaba cenar en mi restaurante, le reservaría un aparcamiento del tamaño adecuado para que pudiera aparcar su enorme coche. Si eso no fuera factible, enviaría un coche a recogerlo. Incluso le ofrecería una mesa lo más discreta posible y una entrada o salida privadas, si lo deseaba. Sin duda, la fama que me aportaría que Shaq fuera cliente de mi establecimiento favorecería mi negocio. Mi buena acción cosecharía abundantes recompensas y quizás incluso se convirtiera también en noticia.

Trato de evitar que mis alumnos lean, de forma habitual, las noticias de catástrofes y desgracias. No obstante, si tienes la costumbre de leer el periódico, lee todos los artículos que valgan la pena, pensando en las oportunidades que ofrecen. Están ahí, pero sólo tú puedes reconocer lo que dará resultado para ti, tu producto y tu sector.

Amplía tu círculo

¿A qué grupos y organizaciones perteneces actualmente? Ser socio y formar parte de grupos cívicos o sectoriales puede proporcionarte mucha atención pública. Serás reconocido como alguien viable, que apoya al grupo. La gente tendrá más confianza para hablar contigo que si fueras un completo extraño. Si eres muy activo dentro de un grupo del sector, esto ayudará a forjar tu credibilidad como experto. Personas que quizá no conozcas se verán atraídas hacia ti cuando quieran saber algo que caiga dentro de tu campo de experiencia.

¿Participas en la cámara de comercio local? ¿Qué hay de los Toastmasters (maestros de ceremonias)? Son dos de las mejores organizaciones que conozco en cuanto a oportunidades para hacer contactos. El establecimiento de redes de contactos, bien hecho, te proporcionará algunas relaciones estupendas procedentes de nuevas fuentes.

¿Cómo se hace para «establecer redes de contactos»? Lo primero es prepararse. Cuando conoces a alguien, el procedimiento habitual es preguntarle su nombre y averiguar en qué tipo de negocio está.

Me parece interesante que la mayoría nos definamos por lo que hacemos y no necesariamente por lo que somos. A guisa de ejemplo, piensa en un grupo pequeño reunido con un propósito específico. Lo más probable es que el líder del grupo haga que cada uno se presente a los demás y diga algo de sus circunstancias o de por qué está allí. Oirás cosas como esta: «Soy Joseph Callaghan. Soy abogado y estoy hoy aquí porque...» «Soy Martha Patterson. Mis hijos vienen aquí, así que he venido a ayudar.»

Cuando te dedicas a vender, es preciso dominar el arte de identificarte por el servicio que ofreces. No vuelvas a decirle a nadie que acabas de conocer que eres un vendedor de la ABC Company. Háblale de los beneficios que ofreces. «Soy Tom Hopkins. Ayudo a las empresas a aumentar las ventas y, por lo tanto, su resultado final, mejorando la experiencia que los clientes tienen con esas empresas.» Si hubiera dicho: «Soy formador de vendedores», me encontraría con que la gente tiene ideas preconcebidas sobre mi profesión. Al describir el servicio que ofrezco, despierto curiosidad por saber más, lo cual lleva a que más personas quieran conocerme.

Veamos algunos otros ejemplos de descripciones de beneficios para que tengas una idea más clara. Cuando los hayas leído, escribe tu propia descripción. Memorízala. Y empieza a usarla.

Servicios financieros: «Enseño maneras de ganar y ahorrar dinero. Tenemos un medio fantástico para analizar la situación actual de alguien, dónde estaba en el pasado y cómo llegar adonde quiere estar en el futuro, basándonos en sus sueños y metas económicos. Es un programa apasionante».

Mejoras del hogar: «Ayudo a mantener y mejorar el valor de lo que, muy probablemente, es la mayor inversión de cualquier persona. Como ejemplo, si le diera una varita mágica, le dijera que se fuera a casa, se pusiera delante y la utilizara para cambiar cualquier cosa que quisiera, excepto la hipoteca, ¿qué cambiaría?»

Propiedad inmobiliaria: «Le muestro a la gente cómo convertir su sueño de vivir en una casa de propiedad y crear recuerdos con sus seres queridos en realidad».

Entretenimiento casero: «Soy experto en diversión. Ayudo a las familias a pasarlo mejor juntos en su propio jardín».

No se describen los productos. Se habla de los beneficios.

Cuando selecciones grupos en los que participar, considera tanto tus conocimientos del negocio, como tus aptitudes para cultivar intereses o aficiones fuera de los negocios. Para participar, no es necesario que te inscribas en diez grupos diferentes y asistas a reuniones interminables. Muchas organizaciones ofrecen actividades voluntarias para quienes no son miembros de ellas. Haz lo que puedas. Haz algo bueno y conoce gente al mismo tiempo. ¿Dónde encuentras estas oportunidades? Habitualmente, aparecen en la prensa y en páginas web. Si no estás seguro de por dónde empezar, pregunta en tu círculo actual de amigos y conocidos. Si haces correr la voz de que estás buscando actividades de voluntariado, mucha gente te ayudará con mucho gusto a que participes.

Asegúrate de cumplir los objetivos del grupo antes de empezar a hablar con otros miembros respecto a tu producto o servicio. Además, demuestra que valoras a todos los que participan en la red de contactos que vas tejiendo. Si tienes cuidado de no aprovecharte de ellos, estarán mucho más abiertos a ayudarte. Volviendo a un punto anterior, empieza cualquier conversación preguntando qué puedes hacer por tu interlocutor.

Resumen

- Revisarás el fichero e historial de pedidos de tus clientes actuales en busca de nuevas ideas para conservar o ampliar las ventas.

- Comprendes el poder de pedir presentaciones de calidad, en lugar de contactos.

- Nunca haces una llamada o estableces un contacto para *pedir* algo, a menos que tengas algo que *dar*.

- Si tu compañía se hunde, no te dejarás dominar por el pánico. Sabes cómo avanzar desde una posición de fuerza.

- Tienes una manera exclusiva de abordar a posibles nuevos clientes que se han quedado huérfanos al cerrar otra empresa.

- Investigarás en qué grupos locales o actividades de voluntariado podrías participar para ayudar a los demás, hacerte visible y conocer gente.

- Has escrito una descripción de los beneficios que ofreces a las personas/empresas para usarla cuando conozcas a alguien.

7

Cómo determinar rápidamente si alguien es un cliente ideal para nosotros

> Un profesional sabe cuándo su presentación más eficaz es no hacer ninguna. Lo aprende calificando.
>
> TOM HOPKINS

Este bien podría ser el capítulo más importante de todo el libro, en lo que hace a acumular conocimientos. Es al calificar a un cliente potencial cuando los vendedores corrientes toman atajos y los profesionales nunca lo hacen.

¿Qué es la calificación en el proceso de la venta? Si eres profesional, es el paso que hay después del contacto inicial y antes de presentar cualquiera de tus productos como solución. Si intentas calificar antes de establecer la relación, darás la impresión de ser demasiado brusco y, posiblemente, codicioso. Si lo haces demasiado tarde durante la presentación, te puedes encontrar con que has trabajado mucho para nada.

Es preciso que califiques al cliente potencial en las primeras etapas del ciclo de venta, para no descubrir que has dedicado un gran esfuerzo a alguien que no puede hacer la compra. Es en esta etapa cuando haces preguntas para definir las necesidades de tus posibles clientes. En este momento emparejas mentalmente sus necesidades y tus productos. Si encajan bien, a continuación los calificas para decidir cuánto tardarán en querer aplicar una solución a sus necesidades y qué se pueden permitir.

La calificación es el momento crucial de tu ciclo de venta. Pasa una de estas dos cosas: (1) decides si este nuevo contacto cumple los requisitos y pasas limpiamente al siguiente paso de la presentación o (2) decides que no es así y pasas con elegancia a otro cliente potencial.

Cuanto más calificado esté un cliente potencial, más probable es que cierres la venta. Sin embargo, incluso en este caso, no está *garantizado* que lo consigas. Llegar a la decisión final depende totalmente de ti y de tu habilidad para presentar, dar respuesta a problemas y cerrar... cosas, todas ellas, que se producen después de la calificación.

Los contactos por recomendación son los que mejor cumplen los requisitos. Normalmente, será raro que alguien te proporcione el contacto con un cliente que no encaje en absoluto en tu producto o servicio. Por supuesto, es posible que no sepan cómo responderá a tus preguntas calificadoras la persona a la que te recomiendan, pero en la mayoría de casos te ofrecen el contacto con alguien que se parece mucho a ellos. Dado que ellos necesitaban tu oferta, es probable que la otra persona también la necesite.

Las personas a las que te recomiendan saben de ti a través de alguien que está contento con tu producto o servicio. Es probable que confíen en ese cliente satisfecho y hay un cierto nivel de confianza que se transmite de esa relación a ti. Las personas recomendadas suelen creer que disfrutarán de los mismos beneficios que quien las recomendó y, por ello, están abiertas a hablar contigo.

Sin embargo, ten cuidado y no des por sentado que puedes tomar un atajo al calificar a estas personas. Sólo porque ellas piensen que son como uno de tus clientes esto no significa que lo sean. Los Maxwell y los Parker quizá vivan en la misma calle, en el mismo tipo de casa y tengan una trayectoria laboral parecida. Pero es posible que los Maxwell administren mejor sus gastos y puedan permitirse aceptar tu oferta. Es posible que los Parker estén hasta las cejas de deudas y no cumplan los requisitos económicamente, aunque tu producto pueda satisfacer una necesidad que tienen.

Este es el único momento de todo el ciclo de la venta en que necesitas que tus clientes sean quienes más hablen. Cuanto más digan, mejor averiguarás si puedes ayudarlos o no. Esto no quiere decir que pases al modo de sermón después de calificarlos, sino que tu tarea en esta etapa del ciclo de venta es dirigirlos por medio de preguntas. Haz que hablen abiertamente de sus necesidades, deseos, esperanzas, sueños y de su situación económica.

Es importante comprender que pocas personas o empresas cambian de forma drástica sus hábitos de compra. Tienden a adquirir las mismas marcas y productos similares... quizá con algunas mejoras o con nuevos colores de moda. Así que es importante preguntarles por sus anteriores compras de productos como el tuyo. Haz que te hablen de sus experiencias de compra (buenas o malas), que te den detalles de los productos que han adquirido y de lo que les gustaba de ellos.

Luego, pregúntales por qué están considerando la posibilidad de cambiar. Pregunta qué otras cosas o qué cosas diferentes esperan de un nuevo producto. Sus respuestas te dirán qué expectativas tienes. Si lo haces bien, te dirán exactamente qué quieren adquirir y en qué gama de precios se sienten cómodos. Por eso, es crítico para el éxito de tu trabajo en general que lo hagas bien en esta etapa.

Ten cuidado y escucha atentamente para detectar lo que llamamos sus «puntos candentes». Son las características de las que no querrían prescindir. Demasiados vendedores corrientes se obsesionan con vender lo que quieren vender, en lugar de lo que los clientes quieren comprar. Estos puntos candentes aparecen y pasan, sin que se den cuenta y no los utilizan sabiamente en sus presentaciones.

Si hay una prestación o una opción que para el cliente es fundamental tener, sin ningún género de dudas, y tú no se la ofreces, debes proceder con cautela. Quizá tengas que ayudarlo a sopesar el valor de esa característica respecto a todas las demás que le puedes proporcionar. Si los beneficios de éstas son lo bastante importantes, quizá consideren la posibilidad de seguir adelante prescindiendo de ese único punto candente. De hecho, es posible que comprendan que, bien mirado, no es tan importante. Tal vez fuera algo presente en todos los anteriores modelos del producto, así que estaban acostumbrados a tenerlo, pero nunca le dieran mayor importancia. En algunos casos podrás ganártelos. En muchos, no podrás.

En una ocasión, tuve un comprador que insistía en que quería una casa con pisos de madera noble. En mi zona, entre las casas más nuevas no había ninguna con suelos de ese tipo, y algunas de las más antiguas que sí que los tenían padecían otros defectos o estaban mal diseñadas. Indagué un poco lo que costaría sustituir los suelos de alguna de las casas más nuevas con madera noble, si encontraba una distribución que le gustara al cliente. También examiné las casas más antiguas. Estaba dispuesto a trabajar con el cliente en uno u otro sentido, pero empezamos por ver las casas más antiguas que tenían los suelos de madera noble que para él eran un requisito indispensable. Al final, el cliente compró una de esas casas más antiguas, fiel a su plan original, pero hizo renovaciones importantes en la estructura de la casa durante los años siguientes. Si hubiera tratado de obligarlo a comprar una de las casas más nuevas, proponiéndole que cambiara los suelos, quizás habría perdido la venta, no me habría recomendado a nadie más ni habría vuelto a hacer negocios conmigo.

¿Dónde encontrar clientes calificados?

Los contactos precalificados son los mejores. Puede que te los haya proporcionado uno de tus clientes o que los conozcas en un grupo o en un sector demográfico al que ya atiendes. Es de esperar que guardes los datos de cómo entraste en contacto con cada cliente. Así, cuando la situación flojee, puedes volver a la misma fuente para buscar posibles clientes. Es probable que si encontraste un cliente bueno y calificado de una cierta manera o en un lugar dado, de la misma fuente puedan proceder otros como él.

En tanto que seres humanos, tendemos a relacionarnos con personas que se parecen mucho a nosotros. Es como nos sentimos cómodos. Piénsalo. ¿No sales con amigos y vecinos, padres de los amigos de tus hijos, etcétera? Perteneces a grupos o asociaciones donde encuentras a otros hombres de negocios como tú mismo. Es posible que estéis en una etapa parecida de vuestra vida o profesión y que tengáis intereses y metas similares.

¿No te parece probable, pues, que en el lugar de donde proceden tus clientes más calificados haya más esperando tu atención? ¿Dónde conociste al señor Muchos Pedidos o a la señora Compradora Frecuente? ¿Fue un encuentro casual en una fiesta? ¿Quién daba la fiesta? ¿Te los recomendó alguien? ¿Encontraste su nombre en una lista? ¿Llamaron ellos a tu empresa? ¿Fue por un anuncio o estaban comprando y te encontraron a ti?

Si sabes de dónde proceden tus clientes actuales, puedes elaborar una lista de lugares probables donde buscar posibles contactos para conseguir más negocio. Cuando los tiempos son difíciles, te interesa servir a más clientes. Por supuesto que necesitas que tus clientes actuales estén contentos, pero si te pasan pedidos más pequeños, necesitarás una base de clientes mayor para mantener tus ingresos donde quieres que estén.

Es igualmente importante contar con una descripción demográfica clara de tus clientes ideales. Empieza por elaborar una lista de criterios definiendo quién resulta ser un buen cliente para ti.

Si vendes a consumidores directamente, ¿están en un cierto rango de edad? ¿Casados? ¿Solteros? ¿Con o sin hijos? ¿Viajan al extranjero? ¿Viven en una comunidad dada? ¿Conducen camionetas o coches deportivos? ¿Son ex alumnos de una de las Diez Grandes universidades? ¿Trabajan en un campo específico (son doctores, abogados, dentistas, arquitectos, obreros, etc.)? ¿Son entusiastas de la vida al aire libre? ¿Les gusta acampar, pescar o cazar?

Si son las empresas quienes usan tus productos, ¿están en edificios de mil metros cuadrados? ¿Son fábricas, establecimientos de venta al detalle o despachos? ¿Qué necesidades de uso tienen?

Ya te haces una idea. Puedes elaborar tu lista basándote en tus muchos clientes calificados y satisfechos o, si eres bastante nuevo en la venta, empezar con los beneficios de tus productos. Piensa: «Mis clientes son personas que necesitan ____________». Elabora tu lista con las cinco o seis características principales que, según tú, tienen la mayoría de tus clientes.

1. ____________________________________
2. ____________________________________
3. ____________________________________
4. ____________________________________
5. ____________________________________
6. ____________________________________

Observa qué patrones surgen cuando recopilas la lista. Puede que descubras que has pasado junto a posibles clientes generadores de negocios de cientos o miles de dólares y no te has dado cuenta de que probablemente reunían los requisitos necesarios para adquirir lo que tú ofreces.

Comparémoslo con la compra de un nuevo vehículo. Una vez que decides que quieres una camioneta roja, te parece ver camionetas rojas por todas partes, ¿no es verdad? En realidad, siempre han estado ahí. Pero tú no tenías «camioneta roja» como criterio establecido mientras el mundo pasaba por delante de ti.

Una vez que hayas completado tu lista, memorízala. Luego, cuando alguien mencione cualquiera de estos criterios, tu mente debería darse cuenta: *Eh, esa persona (o empresa) podría reunir los requisitos necesarios para adquirir mi producto. Voy a dejar lo que estoy haciendo y averiguar más sobre ellos.* Pronto te darás cuenta de que vas hacia más oportunidades en lugar de pasar sin verlas.

Utilizar estos criterios como medida también te ayudará a detectar a quienes quizá no reúnan los requisitos para adquirir tu producto o servicio. Ya sabes a qué me refiero. Empiezas a hablar con alguien y menciona varias cosas... quizá las que están en tu lista... que los calificarían para utilizar tus servicios. Pero luego surgen un par de puntos que muestran que, en realidad, en este momento, no son buenos candidatos. (Por ejemplo, están viviendo el peor trimestre de su año fiscal.) No obstante, quizá dentro de seis meses o incluso dos años sí que sean idóneos. Así pues, no entras en tu presentación completa, pero dejas la puerta abierta para hacer negocios con ellos en el futuro. Conservar la lista fresca en la cabeza te ayuda a ser más eficaz y maximizar tu tiempo de venta y, además, hacer acopio de información sobre posibles futuros clientes.

Cómo lograr que los posibles clientes hablen con nosotros

Para averiguar más sobre si alguien con quien entras en contacto reúne los requisitos para adquirir tu producto o disfrutar de los beneficios de tu servicio, tienes que conseguir que hable. Como he dicho antes, lo consigues haciendo preguntas. Pero, ¿cuáles son las mejores preguntas para recabar la información que necesitas? Dicho sencillamente, las que te dan la información que necesitas.

Yo enseño un método de calificación inversa que usaremos aquí. En lugar de mirar el momento de la venta dedicado a la calificación desde el escenario *anterior*, veámoslo desde el *posterior.*

¿Qué sabemos de alguien que es un cliente que cumple muy bien los requisitos para adquirir tus productos o servicios? Piensa en algunos de tus clientes más satisfechos. ¿Qué aspectos clave los ayudaron a ellos y a ti a comprender que trabajar juntos era una situación en la que ambos salen ganando?

Esto va más allá de los criterios anotados más arriba. Piensa en algunas situaciones del pasado mientras te ocupabas del papeleo o metías información en el ordenador. Tú te sentías feliz por estar satisfaciendo sus necesidades. Ellos estaban contentos por haber tomado la decisión. ¿Qué aspectos ayudaron a que ofrecieras un producto en particular? ¿Cómo supiste que aquel producto era ideal para satisfacer las necesidades de aquel cliente?

Tómate un momento y anota la información ideal que sabías de alguien antes de orientarlo a adquirir sólo uno de tus productos más populares. Hazlo aquí, en el libro, para tener las notas a mano mientras seguimos adelante.

Ahora, vayamos hacia atrás. ¿Qué preguntas hacías para conseguir esa información? ¿Qué orden tiene más sentido? Para saber si estás o no en el camino acertado, pregúntate lo siguiente respecto a cada cuestión: «¿La respuesta a esta pregunta me dirá si este cliente potencial tiene, realmente, la necesidad, el deseo y los medios económicos para decidir hoy si mi producto es el mejor para sus necesidades?» Si tus preguntas no llevan a una respuesta afirmativa, no estás calificando al cliente tan bien como eres capaz de hacerlo.

____

____

____

____

____

____

Concédete tiempo para trabajar sobre esto. Afina al máximo las preguntas hasta que te sientas cómodo con ellas. Cuando lo hayas hecho, tu proceso de ventas irá mucho más sobre ruedas. Las preguntas tienen que ser naturales, pero encaminadas a conseguir la venta.

Una advertencia: Es importante que no des la impresión de que vas recorriendo los puntos de una lista durante tus visitas de ventas, como si se tratara de un ejercicio de algún tipo o del juego de las veinte preguntas. Tu tono debe ser profesional y natural.

Es preciso que llegues a comprender claramente de dónde viene cada cliente y hacia qué quiere ir. En la venta, es importante que abordes tanto las características que un cliente no usaría ni necesitaría como las que le gustarían. El deseo de cambio puede ser debido tanto a querer alejarse de algo que no da resultado como a avanzar hacia algo nuevo que satisface una necesidad. Ambos aspectos te ayudan a encaminarte hacia lo que el cliente está interesado en tener.

Una vez que comprendas y apliques esta estrategia a un único producto, emplea algún tiempo no dedicado a la venta a hacer lo mismo con otros productos que ofrezcas. Cuanto mejor preparado estés, más fácil te resultará el proceso de calificación. Y más rápido harás presentaciones de gran fuerza. Cuanto mejor (y más precisamente dirigida) sea tu presentación, más alto será tu porcentaje de cierre de ventas.

El poder de una calificación eficaz

Saber cómo calificar de forma adecuada, efectiva y rápida a los posibles clientes es, en el ciclo de venta, el paso que marca la diferencia entre tener unos ingresos medios y alcanzar el estatus de campeón de tu empresa, tu zona o tu sector. Años atrás, trabajamos con un psicólogo que estaba elaborando una herramienta de evaluación para poner a prueba las aptitudes para la venta de los candidatos. Después de probar su sistema con más de 250.000 profesionales de la venta, demostró su tesis: saber calificar representa una diferencia mayor en los resultados finales que saber cerrar una venta. Los que tenían una gran destreza para calificar tenían más probabilidades de conseguir ingresos de seis cifras.

Por supuesto, si tienes un cliente muy calificado y nunca le solicitas el pedido, tampoco cerrarás la venta, pero demasiados vendedores malgastan el tiempo de venta, esforzándose sin provecho con clientes no calificados. Por esta razón, no consiguen los altos ingresos que logran los campeones de calificación.

El propósito de una sólida estrategia de calificación es economizar tiempo... el tuyo y el suyo. No te conviene dedicar tu valioso tiempo de venta a personas que no reúnen los requisitos para adquirir tu producto. Ellas tampoco quieren dedicar su tiempo a hablar contigo, si no van a conseguir nada.

En ocasiones, tropezarás con personas que no tienen nada mejor que hacer y que se interesan por tu línea de productos, aunque no estén calificadas para adquirirla. Tu estrategia en estos casos es ser cordial y amable. Ofrécete a enviarles información, en lugar de dedicarles tiempo en una entrevista personal o por teléfono. Como hemos dicho antes, aunque quizás ellos no reúnan los requisitos necesarios para comprar tu producto, es posible que conozcan a otros que sí los reúnan.

No quiero parecer insensible, pero vender es realmente una cuestión de números. Es preciso que domines el paso de calificación y decidas rápidamente (aunque no de manera brusca) si cada contacto que has conseguido es, de verdad, un buen candidato en potencia.

Si no están calificados, te conviene ser agradable y dejar la puerta abierta para futuros negocios, por si las cosas cambian. No obstante, antes de dejar a un cliente no calificado, averigua si conoce a alguien que pudiera ser un candidato para tu producto y trata de que te recomiende a esa otra persona. Las situaciones pueden cambiar rápidamente. Es posible que, hoy, Sara no reúna los requisitos necesarios para contratar tu servicio de *catering*, pero quizá reciba una paga extra el mes que viene o una herencia y quiera celebrarlo con una fiesta especial. Siempre debes dejar una impresión positiva en los no clientes para que piensen en ti cuando llegue el momento.

Si la persona o la empresa son buenos candidatos

para tu producto, entra más a fondo para calificar sus necesidades y definir qué solución es mejor presentarles. Hablamos de esto en el capítulo 4. Antes de presentarles tu solución, recoge toda la información posible sobre sus necesidades y luego resúmela.

En algunos casos, puede que conozcas a un cliente potencial en una situación no profesional. No es probable que el momento sea el oportuno para ir más lejos. Tu objetivo de ventas en estas situaciones es no profundizar en la calificación ni prepararte para la presentación. Lo que haces es acordar un momento para hablar de los beneficios de tu producto para satisfacer sus necesidades. El problema en este caso es reunirte con esa persona mientras su interés sigue siendo alto y antes de que cambie cualquier cosa que vaya en contra de tus intereses... por ejemplo, que la competencia llegue primero.

Cuando trabajaba en bienes raíces, solía tener jornadas de puertas abiertas en las vivienda que estaba vendiendo. No fallaba, siempre entraba algún buen cliente calificado. Aquella casa no era adecuada para él, pero yo no podía marcharme para enseñarle otras propiedades más convenientes. Aquel cliente estaba listo para comprar. Yo no podía escaparme para atender a sus necesidades y dejar plantado al cliente de mi casa de puertas abiertas.

Al final, se me ocurrió una solución. Empecé a llevar recipientes de dos litros de helado a mis días de puertas abiertas. Si decidía que alguien iba a ser un buen cliente, pero no para aquella propiedad, anotaba la información de contacto, me ofrecía para enseñarle casas lo antes posible y le daba el helado como regalo. ¿Adónde iban a ir en un caluroso día de verano, con dos litros de helado?

En la mayoría de casos, volvían a casa para tomarlo o meterlo en el congelador. Era mi manera de impedir que vieran otras propiedades sin mí.

El producto satisfará sus necesidades, pero, ¿están dispuestos a comprar?

En realidad, hay un paso más en la estrategia de calificación que puede marcar toda una diferencia. Una vez que tengas toda la información sobre las necesidades de un cliente, pregúntale si está dispuesto a pasar a la compra. Ten mucho cuidado. Esto es muy diferente a hacer una pregunta de cierre... solicitar el pedido. En esta etapa de la presentación, los estás calificando en cuanto a su capacidad y deseos de tomar una decisión de comprar *ahora* y no dentro de seis meses. Sin embargo, no les estás pidiendo que decidan. No puedes. ¡Todavía no les has ofrecido una solución!

Veamos algunas sugerencias sobre cómo manejar la situación:

«Señor Jackson, si tenemos la suerte de encontrar la solución perfecta para usted hoy, ¿cuándo querría empezar a usar la carretilla elevadora?» Es posible que a algunos clientes les entusiasme lo que puedes ofrecerles y estén calificados, pero todavía no estén dispuestos. Es posible que haya una fecha, dentro de seis meses, en que empezarían a utilizar tu producto. Es posible que tengan que incluirlo en el presupuesto del próximo año fiscal. Para entonces, tú puedes tener una estructura de precios diferente o incluso una línea de productos distinta, dependiendo del sector en el que estés. Tienes que saber cuál es su marco temporal antes de dedicar una gran cantidad de tiempo a presentar la solución de hoy.

«Barb, ¿cuál es el procedimiento para tomar una decisión final respecto a empezar con un nuevo servicio como el nuestro?» Barb puede ser la persona de contacto con un comité. Puede ser que el comité se reúna sólo una vez al mes. Te interesa saberlo antes de hacer tu mejor presentación. En lugar de dárselo todo a Barb, tendrás que presentarlo ante el grupo al completo. Lo único que tratas de venderle a Barb hoy es conseguir estar ante el comité en su siguiente reunión.

Cuando se trata de comités, es preciso que averigües quiénes forman parte de él y cuál es su posición. Es posible que las opiniones de algunos tengan más peso que las de otros. Te interesa saberlo para preparar tu presentación. Por ejemplo, si te enteras de que, una vez que el comité haya decidido, es Scott Baker, del departamento de finanzas, quien tiene la última palabra, será mejor que prepares muy bien el aspecto económico de tu presentación. Si es Madeline Paxton, del departamento creativo, quien tiene la última palabra, te interesa que tu presentación sea atractiva en el aspecto gráfico.

Cuando llegas a la etapa de la presentación y hay más de una persona que tiene la capacidad de tomar decisiones, es muy importante tener un buen contacto visual con todos los presentes en la sala. Si vendes a domicilio y el pequeño Johnny está sentado en las rodillas de mamá, te interesa incluirlo. De lo contrario, puede decidir que quiere ser el centro de la atención de mamá y habrás perdido el control.

Aquí tienes otro ejemplo de cómo preguntar si están preparados para tomar una decisión: «Mike, si todo lo que estamos viendo es lo que esperabas, ¿estás en disposición de seguir adelante?» Si tus productos exigen financiación de algún tipo, Mike quizá tenga que cumplir los requisitos necesarios para conseguir un préstamo antes de poder actuar. Recuerda, el proceso de calificación debería determinar no sólo si tu producto satisfará las necesidades del cliente, sino si éste está económicamente calificado para adquirirlo.

Lo decíamos en un capítulo anterior, pero vale la pena reiterarlo aquí. Cuando hables de asuntos económicos, abre el tema con la frase: «No querría entrar en un terreno personal, pero...» Estás diciendo que sabes que estas cosas se consideran privadas o personales. Sin embargo, sigues adelante para conseguir una información valiosa que es necesaria para ti.

«A fin de conseguir que sus empleados avancen más rápidamente con este nuevo *software*, se recomienda cierta formación. ¿Cuál es su meta en cuanto al momento en que le gustaría que todos lo usaran satisfactoriamente?» Si tu producto requiere formación para el usuario final, es preciso abordar ese marco temporal al principio. No te conviene que un cliente potencial crea que utilizar tu *software* será algo intuitivo para su equipo. Si sabes que lo normal es que las empresas necesiten tres meses para dominar su uso, tienes que hablar de ese calendario durante tu secuencia de calificación. Puede que esta compañía quede descalificada si necesita una solución más rápida o no puede formar al personal a tiempo. Además, si tienen empleados en diferentes lugares, quizá tengas que pensar en múltiples días de formación o plantear la formación con un formato online para hacer esa tarea de modo que sea tanto económica como dentro del tiempo disponible.

«Bill y Sue, si lo que estamos considerando os parece bien, ¿quién más, aparte de vosotros, participaría en la toma de decisión final?» Incluso si estás tratando con un matrimonio, que parece sólido económicamente, quizá confíen en la abuelita o el tío Pete para financiar la compra. Si es así, es necesario consultar a una o al otro antes de poder cerrar la venta. Necesitas saberlo antes de hacer una presentación completa e intentar cerrar el trato.

Cuándo ha llegado el momento de trabajar con más clientes

Si Polly, la encargada de compras, te pasa un pedido más pequeño de lo habitual, tienes todo el derecho a hacerle algunas preguntas para averiguar la razón. No te lo tomes como una afrenta o pienses que la estás perdiendo como cliente. Puede que sea hora de calificarla en cuanto a algunas necesidades nuevas o cambiadas.

No obstante, hazte un favor y plantea las preguntas después de finalizar el pedido. Hacerlo antes podría poner en peligro el encargo. Siempre cabe la posibilidad de que tus preguntas ofendan al cliente, por muy bien que sepas hacerlas.

Es importante que formules tu pregunta para que no parezca que estás inquiriendo si ha pasado algo malo en la empresa del cliente. Nunca digas ni hagas nada que pudiera ser interpretado de esta manera. Tú formas parte de su equipo y deberías estar interesado por el bienestar de su negocio. Tus preguntas y comentarios deberían demostrarlo.

«Gracias por tu pedido, Polly. Te agradecemos que sigas siendo cliente nuestro. Pero, normalmente, en el pasado nos pasabas pedidos en cantidades de cinco mil. Al ver que este pedido es más pequeño, siento curiosidad por conocer la razón. ¿A tus clientes les interesa algo diferente o vosotros, igual que tantas otras empresas, estáis sintiendo los efectos de la actual situación económica?» Podría ser que Polly estuviera comprando, en algún otro sitio, artículos nuevos que ofrecer a sus clientes. Si ese es el caso, querrás ser el primero en satisfacer esa necesidad, si dispones de los productos adecuados. Es posible que Polly no haya pensado en pedirte información sobre otros artículos cuando Bill Competidor se ha presentado con algo diferente. También podría ser que Polly estuviera prescindiendo de tus productos porque ya no le son necesarios o porque ha encontrado algo más económico. En ambos casos, es preciso que actúes rápidamente.

Si la compañía de Polly está acusando los efectos de un cambio negativo en el mercado o en su sector, necesitas hablar con ella sobre lo que está sucediendo. Si no conoces la situación, busca en otras fuentes información sobre lo que está pasando en su campo y si puedes intenta ofrecerle nuevas ideas que ayuden a su empresa.

Si parece que va a pasar pedidos más pequeños durante un tiempo, tienes que analizar la manera en que eso afectará a tus resultados finales y, posiblemente, encontrar otro cliente que llene el vacío. Tu meta es ayudar siempre a tus clientes al tiempo que mantienes tus ingresos al mismo nivel o logras incrementarlos.

Si surge una situación en la que alguien pide cantidades menores o lo hace con menos frecuencia, es buena idea pedirle algunas recomendaciones de calidad. Si has atendido bien sus necesidades hasta el momento, es posible que se sientan mal por el efecto que la reducción de sus pedidos tiene en ti. Esto puede hacer que se sientan un tanto obligados a ayudarte con recomendaciones, dado que tú has hecho todo lo posible y más por ellos cuando lo necesitaron. Nunca aceptes un pedido menor de un cliente y te despidas deseándole lo mejor. Esto es lo que hacen los vendedores corrientes. Tú eres un campeón. Siempre te esfuerzas por encontrar la mejor solución para todas las partes, incluido tú mismo.

Califica constantemente

En tiempos difíciles, puede ser necesario que recalifiques constantemente a tus clientes. Fastco Manufacturing puede ser un buen cliente cuando funciona con tres turnos diarios. Pero, con cualquier cambio en la producción, por ejemplo eliminando un turno, es posible que sus necesidades cambien... y que tus servicios tengan que cambiar también.

Si Carol's Cookie Cupboard experimenta un aumento de ventas, es posible que necesiten más de lo que les sirves actualmente. Sé considerado con su tiempo —en especial si su empresa está en alza— pero prepárate para hacer preguntas. Es buena idea retroceder en el tiempo hasta tu primera venta con un cliente para ver si sus necesidades han cambiado.

«Carol, cuando nos compraste tus dos primeros hornos de nivel profesional, acababas de instalarte aquí. ¡Mírate ahora! Has ampliado el negocio a otra parte del edificio. Ya tienes tres pasteleros en nómina y ofreces entregas gratis a domicilio. ¿No te sientes orgullosa de estos logros? Me pregunto... con lo bien que te va en el negocio, ¿cuánto crees que tardarás en necesitar un tercer horno?» Bien podría ser que a Carol ni siquiera se le hubiera pasado por la cabeza, con todo el trabajo que tiene cada día. Cuando tú lo planteas, quizá se dé cuenta de que podría ser mucho más eficiente con un tercer horno y llegue a la conclusión de que ya es hora de ampliar sus instalaciones de cocina.

Eliminar las preocupaciones monetarias

Una de las cosas mejores que se logran con un sistema de calificación adecuado es eliminar las objeciones monetarias que se presentarán más adelantada la venta. Aunque estoy en contra de plantear la cuestión del dinero demasiado pronto en una presentación —antes de que hayas tenido ocasión de crear valor— es sensato averiguar, aproximadamente, lo que el cliente tiene pensado gastar para cubrir sus necesidades. Te encontrarás con posibles clientes que no tienen absolutamente ni idea de lo que cuesta un servicio como el tuyo. Es posible que hayan subestimado, y mucho, cuál ha de ser su situación económica para poder comprar.

Puedes abordar la cuestión del dinero de diversas maneras. Puedes preguntar qué información han encontrado sobre productos parecidos. Con toda la información que hay disponible en Internet actualmente, es muy improbable que te tropieces con clientes que no tengan ni la más remota idea de la gama de precios de tus productos, pero a veces pasa. Además, si tu producto tiene varios modelos que exigen una inversión drásticamente diferente, te interesa saber qué nivel de gasto están considerando.

Cuando mencionen un modelo en particular, debes resumir brevemente sus características. Diles, en términos generales, cuánto cuesta. «Este modelo incluye ________ y tiene un coste base de ________ dólares.» Si es más de lo que esperaban, lo más probable es que te lo digan. Si no retroceden ante la inversión que representa, hazles preguntas sobre las características y beneficios que ofrece el siguiente mejor modelo que encaja en sus necesidades. Podría ser que hubieran pasado algo por alto en sus indagaciones, algo que quizás esperaran en el modelo inferior. «El modelo X+ también incluye ________ Eso hace que ________ ¿Este aspecto les resultaría útil?»

Otra manera de plantear la cuestión del dinero es hablar sobre otros de tus clientes. «Patty, muchos de nuestros clientes satisfechos han invertido hasta cinco mil dólares en nuestros productos. Otros clientes más afortunados han invertido más de siete mil quinientos dólares, y también hay clientes contentos que tienen un presupuesto más limitado. Lo normal es que hayan invertido alrededor de tres mil dólares. ¿Me permites que te pregunte en qué nivel te sentirías más cómoda?» ¿No es mucho mejor que preguntar?: «Veamos, ¿cuánto dinero pensáis gastar?»

Cuando te hayan dado una cifra aproximada, sabrás qué productos presentar y habrás eliminado una posible objeción posterior, por cuestiones de precio. No pueden dar marcha atrás y decir que cuesta demasiado cuando ellos mismos te han dicho que tenían previsto gastar esa cantidad o más.

¿Te das cuenta del poder que tiene un sistema de calificación apropiado? Por eso es la clave del éxito de los campeones de la venta en el mundo.

Resumen

- Calificar es la etapa del proceso de venta que marca una diferencia mayor en tu volumen de ventas.
- Cuando calificas adecuadamente, tus posibles clientes te dirán lo que quieren adquirir.
- Tienes una lista de criterios para decidir qué hace que un cliente sea bueno y esté calificado para tu producto.
- Conoces diversas maneras de preguntar a los clientes cuándo necesitan contar con la solución y cuánto piensan gastar.
- Tienes un plan para saber tratar a unos clientes posiblemente calificados cuando los conoces en una situación que no es de negocios.

8

Cómo reducir la resistencia a las ventas

> La mitad de la preocupación del mundo la causan personas que tratan de tomar decisiones antes de tener la información suficiente sobre la que basar su decisión.
>
> DEAN HAWKES

La preocupación es una emoción desperdiciada. Mata el tiempo. Te vacía de energía. Te impide dormir y tiene un efecto negativo en tu productividad. ¿Quién elegiría conscientemente una cosa así? No muchas personas, si lo pensáramos bien. Sin embargo, para la mayoría, la preocupación es una reacción inconsciente a lo que pasa en nuestra vida. Se ha convertido en un hábito.

La frase que oyes con mucha frecuencia es: «Me encontré con que me estaba preocupando por...» *¿Te encontraste?* Parece como si los que se preocupan fueran personas que se han perdido. Si es tu caso, vamos a arreglarlo.

La mejor cura para la preocupación es la Oración de

la Serenidad: «Dios, concédeme serenidad para aceptar las cosas que no puedo cambiar; valor para cambiar aquellas que puedo cambiar y sabiduría para reconocer la diferencia». Si descubres que estás preocupado, hazte esta pregunta: "*¿Puedo hacer algo para cambiar lo que me preocupa?* Si puedes, actúa en ese sentido... aunque tu primera medida sea simplemente averiguar más sobre la causa de tu preocupación o, simplemente, anotar lo que te preocupa y lo que puedes hacer al respecto.

Si no hay nada que puedas hacer, ordénate en voz alta: «Deja de malgastar tiempo y energía preocupándote». Sé que suena excesivamente simple, pero si reflexionas sobre ello, creo que estarás de acuerdo en que tiene mucho sentido. Y si practicas esta técnica repetidamente durante un mes, descubrirás que te preocupas menos y consigues más. Los estudios demuestran que, en el caso de los que se preocupan de forma crónica, un 90 por ciento de lo que les preocupa nunca llega a ocurrir. Algunas personas verían en esto un argumento *a favor de* preocuparse: «Qué demonios, si me preocupo por eso, probablemente no sucederá nunca». Dedicar tu «tiempo de preocupación» a actuar es mucho más positivo y muy probablemente te aportará un resultado final positivo.

Veamos ahora cómo afecta la preocupación a lo que estás tratando de hacer en una situación de venta. Es un elemento importante del que hay que ser consciente. A tus posibles clientes les preocupa tomar una decisión acertada. Les preocupa saber si el producto hará o no lo que tú dices que hará. Les preocupa perder prestigio, si toman una decisión equivocada. Les preocupa asumir compromisos económicos. Es posible que todas estas preocupaciones no sean conscientes, pero están ahí y crean algo llamado resistencia a la venta.

La resistencia a «comprar» es, muy probablemente, la causa número uno de la pérdida de ventas para el vendedor corriente. No piensan mucho en ello ni se preparan para hacerle frente durante el contacto con los clientes. Es probable que esos vendedores medios cuenten experiencias en que se han dado de narices contra una pared al tratar de convencer a un cliente potencial de que adquiriera sus productos o servicios. Y, desgraciadamente, han visto en esa pared un obstáculo insalvable para la venta. Puede que intenten superarlo durante un tiempo, pero raramente le dedican la reflexión o el esfuerzo necesarios para escalarlo, rodearlo o abrir una puerta en esa pared... o, como mínimo, una ventana (de oportunidades).

Los campeones de la venta entienden que esos muros de resistencia se desmontan igual que se levantan... de ladrillo en ladrillo. Aunque se pueden construir con mucha rapidez, no deja de ser un proceso que, una vez comprendido, se puede frenar o incluso detener.

Empecemos con la base de esa pared de resistencia a la venta. Eres un vendedor. Tanto tú como el cliente sabéis que tu trabajo consiste en trasladar un producto de tu inventario al suyo. Así pues, la mayoría suele resistirse a los vendedores. Por ello, a lo largo de este libro hemos hablado de muchas estrategias para que el cliente potencial te vea como cordial, servicial, competente y digno de confianza. Todos estos rasgos ayudan a derribar ese muro de resistencia.

Si dudas de que seamos resistentes por naturaleza a

los vendedores, piensa en las muchas veces que has dicho o has oído estas palabras: «No gracias. Sólo estaba mirando». Es la frase estándar para disuadir a un vendedor, cuando sólo estás echando una ojeada o para no revelar lo que necesitas comprar. En algunos casos, se dice porque el comprador no quiere hablar con el vendedor. Esto se debe a un viejo y desafortunado estereotipo según el cual los vendedores no entran dentro de la categoría de profesionales y sólo hacen ese trabajo para obligarnos a comprar. En realidad, todos trabajamos para ganar dinero, sea en las ventas o en cualquier otro campo, pero son los vendedores los que han acumulado mala fama durante décadas, debido a las prácticas poco claras de un pequeño porcentaje en este campo en particular.

Muy pocos clientes aceptarán dedicarte su tiempo si su muro de resistencia a la venta alcanza ya los tres metros de alto. Nunca llegarás a ellos. Por lo tanto, el hecho de que hayas confirmado una hora para hablar con alguien (o si han venido a tu establecimiento detallista) te dice que hay un cierto interés en tu oferta, una necesidad... y, posiblemente, una ventana de oportunidad. Tu labor es mantenerla abierta. No se trata de ir poniendo ladrillos para levantar una pared más alta y resistente, sino de ayudar a tus clientes a comprender que no hay ninguna necesidad de esa pared, en absoluto.

Lo fundamental de la venta es educar a los demás. Por eso son tantos los maestros que han hecho, con éxito, la transición desde la enseñanza a las ventas. Han sido formados para captar la atención de una clase, estimular su curiosidad y ayudar a los alumnos, de una manera atractiva, a dominar su asignatura. Cuando se está bien informado, la confianza aumenta y el deseo y la capacidad de tomar decisiones sobre una cuestión dada aumenta de forma espectacular.

Piensa en ello. ¿Cómo abordaste la compra de tu primer ordenador? Si tenías muchas ganas de tenerlo, quizá tomaras una decisión rápida sólo para poder llevártelo a casa. Pero, ¿seguiste contento con él durante mucho tiempo? Puede que sí. Puede que no. Si no, ¿qué sucedió cuando decidiste comprar un modelo mejor? Buscaste información. Preguntaste a amigos, parientes y compañeros de trabajo en quienes confiabas, para que te ofrecieran sus consejos y sus recomendaciones. Quizás indagaras en Internet para comparar modelos. Puede que incluso hayas mirado por ahí, buscando el precio más bajo o el mejor servicio posventa. La información recogida en esa etapa del ciclo de compra te dio la confianza que necesitabas para tomar lo que considerabas una decisión de compra sensata. Así es como actúa la mayoría de consumidores.

Tu objetivo como vendedor es instruir a tus clientes. Tienen que considerarte un consejero digno de confianza. Necesitas demostrar que cuentas con los conocimientos necesarios para comparar de forma competente entre tu marca y la de la competencia. Y es preciso que conozcas con exactitud las ofertas que hay disponibles actualmente para tus productos y los parecidos de otros proveedores. Esto exige trabajo —tiempo y esfuerzo— por tu parte. Dado que eres un profesional de la venta entregado a tu trabajo, actuar así tendría que ser algo totalmente natural para ti.

Ladrillo a ladrillo

Hemos visto que la resistencia a la venta se funda en el temor a «comprar». Ese temor seguirá activo en tus posibles clientes hasta que te los ganes y te reconozcan como una persona buena y digna de confianza, y reconozcan que tu producto es una solución magnífica para sus necesidades.

Es raro que ese muro de resistencia a la venta se levante de repente. Va subiendo ladrillo a ladrillo. Al principio, todos los clientes se forman un criterio de ti, como persona. Algunos lo hacen conscientemente. Para otros, su reacción inicial hacia ti es subconsciente.

Si les pareces atractivo en general, eso es bueno, pero no olvides que siguen teniendo ese fondo de temor. Si tienes un aspecto descuidado o poco profesional has puesto la primera hilera de ladrillos de su muro de resistencia a la venta. Si no tienes un buen contacto visual, tu apretón de manos no es firme, si no sonríes, vas subiendo más y más hileras.

Si hablas más con uno de los miembros del equipo, del comité o con la pareja del cliente potencial, se asientan más ladrillos. Aunque puede que, cuando esto sucede, el muro no sea muy sólido. Si la persona hacia la que diriges más atención es la parte favorable, el muro podría empezar a levantarse de forma desigual. No obstante, sigue siendo un muro. Si es el caso contrario, y prestas más atención a la parte que no tiene tanta influencia en la decisión final, el muro se hará más alto. Esos ladrillos extra los añadirá la persona que se siente desairada. Mientras tú los ignoras, ellos están muy ocupados levantando el muro. Es muy importante que concedas la misma importancia a todas las partes.

La clave es comprender que, cuando tratas de reducir la resistencia a la venta, todo lo que haces y dices importa. Tus esfuerzos iniciales para conseguir caerles bien a los demás, que confíen en ti y que quieran escucharte es fundamental para la forma y tamaño que llegue a tener cualquier muro de resistencia a la venta.

Ya hemos hablado de la capacidad de gustar en un capítulo anterior. Ser agradable empieza con la sonrisa, el tono de voz, tu actitud acogedora, tu actitud profesional. También entraña comunicar una actitud de servicio. Tu trabajo como profesional de la venta es servir las necesidades de los demás, ¿recuerdas? Asegúrate de hacer todo lo posible para transmitir esa actitud y limitarás el número de ladrillos que tu cliente potencial utilice inicialmente.

Bien, ¿y cómo se forja la confianza? Empieza demostrando claramente la verdad de la siguiente frase: «Estoy aquí por usted». Si no fuera por los clientes, no tendrías trabajo, ¿no es cierto? Valora el tiempo que compartes con todos y cada uno de ellos. Es más que cortesía. Es parte de la descripción de tu puesto de trabajo; es una exigencia.

Otro aspecto de construir confianza (como opuesto a construir un muro) es descubrir algo que tengas en común con tus posibles clientes, aparte de haberos reunido. Los seres humanos queremos estar y trabajar con otros con quienes nos sentimos cómodos. Puede que vivamos en el mismo barrio, trabajemos en el mismo sector, tengamos hijos más o menos de la misma edad, asistamos a los mismos congresos, nos gusten los mismos equipos de fútbol o de baloncesto o pertenezcamos a los mismos clubes.

Todo esto no lo averiguarás contando la historia de tu vida ni dándoles tu currículum vítae a tus clientes. No les toca a ellos buscar un terreno común. Te toca a ti. Empieza a averiguarlo con los ojos. ¿Cómo está decorado su despacho o su casa? Si es de un estilo personal, pregunta si lo han elegido ellos mismos. Si te dicen que sí, haz un comentario positivo sobre algo, para que empiecen a hablar. Luego, aguza los oídos para empezar a buscar algún terreno común. Su tono de voz y lo que dicen debería darte pistas sobre algo que podríais tener en común.

Si esto te resulta difícil, trátalos como si fueran expertos en algo que siempre te ha interesado (siempre que sea verdad). Quizá Bob Jackson es un apasionado de la pesca con mosca y tiene algunas fotos y, tal vez, una caña antigua en la pared del despacho. Puede que no hayas ido a pescar en toda tu vida, pero puedes empezar la conversación diciendo: «¿Cómo empezó a pescar con mosca?» O: «¿Cuánto tiempo hace que es aficionado a la pesca con mosca?» Yo tendría cuidado de no preguntarle dónde está su lugar de pesca favorito. Puede sospechar que quieras hablarle a otros de su sitio favorito.

¿Te das cuenta de lo fácil que es darle a alguien un ladrillo para su muro de resistencia a la venta? Ni siquiera tiene que ser algo directamente relacionado con la venta. Cualquier comentario, aparentemente inofensivo y hecho al azar, puede resultar ser no sólo un ladrillo, sino otro saco de mortero para dar solidez al muro. Por esta razón es tan importante que hagas tus deberes y te prepares, prepares y prepares para cada reunión con un cliente.

Es posible que Sue y Jerry Fellows tengan aparcados un par de *quads* o una caravana en el camino de entrada. A menos que también veas fotos suyas disfrutando del aire libre juntos, no des por sentado que les guste. Podría ser que esas aficiones sean las de Jerry y sus colegas y que Sue se tiene que quedar en casa o que decide no acompañarlos. En ambos casos, esos *quads* y esa caravana podrían convertirse en ladrillos. Será mejor que empieces por buscar otro terreno común; por ejemplo diles lo bonita que es su casa o habla de quienes te recomendaron a estas personas tan agradables. Conforme avance tu conversación con ellos, es probable que consigas calibrar mejor su entusiasmo por las aventuras al aire libre.

Haz todo lo que puedas para evitar hablar del tiempo, como tema corriente, a menos que esté pasando algo realmente inusual. Eso es lo que hace un vendedor perezoso. Sencillamente, no tiene la finura de otros muchos posibles temas.

También, por si acaso no te lo han dicho nunca, evita temas polémicos. No empieces una reunión con alguien que acabas de conocer hablando de política, religión o acontecimientos de actualidad negativos.

En el momento en que escribo este libro, la frase típica para explicar todo lo malo que hay en nuestro mundo es «Es la economía». Estoy harto de oírla. Esta frase, esta excusa para quienes tienen problemas en su vida personal y profesional, me irrita a más no poder. Del mismo modo que para nosotros, los profesionales de la venta, nuestro negocio es la gente, son las personas de la localidad, el país o el mundo quienes hacen que las cosas sucedan. La «economía» no es una gran fuerza externa que nos obliga a hacer cosas que no queremos. Voy a seguir mi propio consejo y no entrar en el aspecto político, sino más bien centrarme en el nivel personal. Es verdad que hay personas que han perdido su trabajo por causas ajenas a su control, pero el sufrimiento que sienten a causa de ello se debe más que nada a que no tenían ahorros para hacer frente a esos inevitables tiempos difíciles. Hay gente con problemas de tipo financiero o por decisiones que tomaron en el pasado. Es algo personal y no pueden culpar a nadie salvo a la persona cuya cara ven en el espejo cada mañana.

Fuimos demasiados los que nos volvimos codiciosos y asumimos riesgos, y no estábamos preparados cuando las cosas no salieron como esperábamos. En lugar de reconocer que nos hemos endeudado más de lo que podíamos, ahora culpamos a otras causas externas y pedimos que el gobierno lo arregle. El famoso humorista Will Rogers tenía una frase para las situaciones difíciles: «Si la estupidez nos metió en este lío, ¿por qué no puede sacarnos de él?»

Si te encuentras metido en un profundo y de-

sagradable agujero, antes de suponer que alguien te lanzará un cable, piensa en cómo te metiste ahí y qué puedes hacer para salvarte. La responsabilidad es un rasgo predominante en las personas que tienen éxito durante toda la vida.

Sé consciente de que la manera en que inicias el contacto con cualquier cliente establece la tónica para los siguientes pasos del proceso de la venta. Es preciso que ese tono sea cálido y cordial, que conduzca a una entrevista agradable. Además, tiene que centrarse en la búsqueda de soluciones. No importa lo mala que sea la situación a la que se enfrenta tu cliente, tú estás ahí para ayudarlo a mejorar las cosas. El cliente hizo lo acertado al llamarte o aceptar el contacto contigo. La reunión que concertéis debe verse como un paso en la dirección adecuada.

Conforme avances en tu presentación, te tropezarás con otros posibles ladrillos del gran muro de resistencia a la venta. Los materiales que uses deben ser impecables. Los folletos deben estar bien impresos. Tu ordenador portátil debe estar reluciente. La mesa donde colocas el ordenador debe estar despejada. De hecho, lo único que debes tener allí son cosas relacionadas con los materiales que utilizarás en esta presentación en concreto. Nada que distraiga la atención del cliente.

Quizá te parezca una tontería, pero tener tu foto favorita de la familia en la pantalla del ordenador, como hace la mayoría, podría ser negativo para tu cliente potencial.

Y si tú tienes un niño precioso y él no tiene hijos...

Y si disfrutaste de unas vacaciones maravillosas en la playa y él no ha hecho vacaciones desde hace años...

Y si tienes una cerveza en la mano y él está decididamente en contra del consumo de alcohol...

No hagas nada —absolutamente nada— que pueda hacerle perder al cliente el interés en lo que tienes que decir o distraerlo de tu presentación. Cualquier distracción debería ser creada por ti, por razones muy específicas relacionadas con la venta de tu producto o servicio. Necesitas que quiera escucharte, ¿recuerdas? Si estás centrado en servir sus necesidades, te escuchará. Sus emociones pueden cambiar a cada segundo, según lo que oiga o vea. Necesitamos evitar cualquier emoción negativa y crear sólo emociones positivas.

Echemos una ojeada a lo que presentarás a tus posibles clientes. Si tienes una presentación estándar y decides saltarte unos cuantos aspectos que no son aplicables a John y Mary Consumidor o a Sara, la responsable de compras, puede que hagas que se pregunten por qué la están viendo o qué se están perdiendo. Siempre es mejor tener preparada una presentación mínima y disponer de información adicional por si decides que es adecuada cuando profundices más en sus necesidades. Solemos aceptar bien que se añada información cuando esté relacionada con la conversación, pero tendemos a desconfiar si se pasa por alto o no se explica algo que está allí, justo delante de nosotros. Cualquier duda que surja mientras informas a tus posibles clientes puede hacer que se preocupen, que se planteen dudas y que pospongan tomar una decisión.

La manera en que resuelvas cualquier objeción o preocupación planteada por un cliente potencial afectará a su resistencia a la venta. Las preocupaciones no siempre son ladrillos. Por favor, no des por sentado que lo son. La mayoría son simples peticiones para que les aclares algo, porque necesitan comprender mejor algún punto en concreto. Los posibles clientes hacen preguntas para frenar un poco el proceso de venta y poder racionalizar la decisión que se sienten obligados a tomar. Si cambias tu actitud cuando oyes una objeción y actúas de forma más agresiva o discutidora, les estarás entregando los ladrillos y manejando la paleta con el cemento tú mismo. No te pongas nunca a la defensiva cuando oigas una objeción. Entiéndela simplemente como una petición de información. Cuanto más tranquilo te muestres al manejar cualquier reparo, más probable es que ellos también conserven el equilibrio emocional.

Otros posibles ladrillos son un mal funcionamiento técnico durante la demostración, tratar de cerrar la venta demasiado pronto, pronunciar o escribir mal un nombre, soltar chistes inapropiados o bromear en el momento equivocado y hacer preguntas personales de forma demasiado directa.

Al incorporar las técnicas positivas que hemos descrito en este libro, trabajarás constantemente para derruir el muro de resistencia. Algunas de estas técnicas sólo quitarán uno o dos ladrillos. Otras, secciones completas. Considéralo un juego. ¿Puedes eliminar ladrillos más rápido de lo que ellos los ponen? ¿O, por el contrario, estás haciendo cosas para ayudarlos a reforzar el muro? Cuando actúas en el nivel más alto de profesionalidad, habrá tan pocos ladrillos disponibles que, entre tus clientes y tú, dejará de existir un muro de resistencia a la venta. De hecho, los dos deberíais encontraros muy pronto en el mismo bando.

Personas a las que les cuesta decidirse

> Cuando tienes que tomar una decisión y no la tomas, eso ya es, en sí mismo, una decisión.
>
> WILLIAM JAMES

Es inevitable que, en ocasiones, encuentres personas que, sencillamente, no son buenas tomando decisiones. Es triste, pero cierto, que millones de personas van por la vida sin tomar ninguna o tomando malas decisiones con bastante frecuencia. Aunque es imposible decidir acertadamente todo el tiempo, hay personas que tienen tanto miedo de cargar con la responsabilidad de decidir que dejan que otros les organicen la vida. Algunas tienen tanto miedo a tomar una decisión equivocada que evitarán cualquier situación en la que tengan que hacerlo. Qué triste es dejar que otros decidan el rumbo que ha de seguir tu vida, dejarte llevar por la masa en lugar de apartarte de la corriente y reaccionar como individuo.

Si te dedicas a la venta de empresa a empresa, es de esperar que no encuentres demasiados responsables de compras a los que les cueste decidir. Después de todo, su trabajo es tomar decisiones sensatas para su empresa. No obstante, es mejor no dar por sentado que ese será el caso el cien por cien de las veces. Algunos de mis alumnos me han hablado de agentes de compras que tenían maneras muy extrañas de tomar decisiones. Otros han tropezado con personas que planteaban unas exigencias increíbles al vendedor si quería conseguir el pedido. Incluso me comentaban de casos de personas dispuestas a delinquir en sus actividades como agentes de compras. Son cosas que pasan.

Por mucho que te esfuerces, no vas a tener éxito con todos los posibles clientes. Algunos se irán con la competencia aunque tú sepas, en lo más profundo de tu corazón, que tu producto es la mejor opción para ellos. Sencillamente, no sienten la misma pasión por él que tú. En algunos casos, puede que comparen los productos aplicando criterios diferentes de los tuyos. O quizá no vean el valor de ciertas características que son lo más destacado de tu producto.

Si un encargado de compras toma lo que tú consideras una decisión equivocada, acepta la pérdida de negocio con elegancia. Deséales que les vaya bien y consigue que te permitan volver a ponerte en contacto con ellos de vez en cuando. Si has acertado en tu evaluación de la situación, al final verán que se han equivocado. Es preciso que estés esperando entre bastidores para el día en que contacten contigo en busca del producto o servicio mejores (pero no esperes que vaya a ser dentro de poco). Si vuelven a buscarte, ten cuidado de no refocilarte por haber tenido razón. Sólo agradece esta nueva oportunidad y siéntete honrado por poder servir sus necesidades.

Si la decisión fue realmente mala, quizá quien se ponga en contacto contigo sea un nuevo encargado de compras. Si es así, sé consciente de que tienes que construir esa relación como si se tratara de un contacto nuevo, aunque sientas que ya tienes una relación anterior con la empresa. Es probable que el nuevo agente de compras esté en la posición de limpiar el estropicio hecho por otro. No te conviene pregonar que tú tuviste parte alguna en ese estropicio... incluso si nunca conseguiste que adquirieran tu producto.

Tampoco ataques a la persona que antes ocupaba el puesto. A lo mejor lo han ascendido y sigue teniendo influencia en si cierras la venta o no. Si te preguntan por tu anterior contacto, permanece neutral. No permitas que te pongan en un brete. Puedes usar frases como: «Tenía una manera interesante de tomar decisiones». O: «Parecía que se esforzaba mucho en el trabajo». No te comprometas y no tendrás que preocuparte por la impresión que causas en alguien nuevo.

Tanto si trabajas con empresas como con consumidores, quienes toman la decisión quieren sentirse seguros de su elección, estar contentos con los beneficios de los productos o servicios que eligen y recibir un servicio excelente después de la venta. Todo lo que digas y hagas durante tus presentaciones tiene que reflejar que eso, exactamente, es lo que sucederá. Incluso puedes agregar en la presentación comentarios como los siguientes:

> *«¿Esta característica del producto no hace que se sienta mejor respecto a lo que hablamos antes?»*

«Mary, ¿esta información da respuesta a su preocupación por...?»

«Debe sentirse mejor respecto a su situación ahora que ve el gran potencial que hay para mejorar, ¿verdad?»

«Es acertado que haga una investigación tan a fondo en esta línea de productos.»

«¿No es una buena sensación que sus necesidades estén tan claramente definidas?»

«¿No se alegra de que estemos analizando esto hoy?»

Estas preguntas y afirmaciones tienen como objetivo hacer que tus clientes se sientan bien al reunirse contigo y averiguar qué puedes ofrecerles en relación con sus necesidades. Tu trabajo no sólo tiene que ver con el producto, también tiene que ver con los sentimientos generados en quienes toman la decisión. Tiene que ver con la imagen mental de que las cosas serán mejores que antes de tomar la decisión... antes de reunirse contigo. Tiene que ver con que el resultado final de la decisión haga que se sientan más cómodos que antes de tomarla.

Cuando nos sentimos incómodos, hacemos muchas cosas. En general, todos queremos estar en un lugar cómodo, tanto si se trata de una comodidad física como mental. Cuando experimentamos algún tipo de dolor, nuestra mente empieza, automáticamente, a pensar en cosas que podemos hacer para aliviar el dolor, o para eliminarlo por completo. Sólo cuando el cambio nos es impuesto o se convierte en un requisito que no habíamos previsto pensamos en él como algo doloroso.

El dolor del cambio es uno de los cuatro desmotivadores que yo enseño a vencer. Puede que te sorprenda, pero lo único necesario para superar cualquier cambio doloroso en la vida es ver por qué razón has decidido hacer ese cambio. ¿Qué tratas de conseguir? ¿Cómo te sentirás cuando lo hayas hecho? Si el resultado final del cambio, tu meta, es algo que te apasiona, entonces se convierte en algo que tienes que tener. Cuando has de tener algo, lo doloroso es no tenerlo. El dolor de cambiar se ha convertido en el dolor de seguir igual.

Aprende a aplicar esta estrategia a quienes toman las decisiones que te afectan y no tardarás en encontrarte con más clientes contentos, que se sienten muy a gusto con tu producto y tu servicio.

¿Qué temen los clientes?

En tiempos difíciles, tendrás que trabajar más y ser más paciente con los posibles clientes que no llegan a tomar una decisión debido al temor. Durante una de las épocas más sombrías de la historia de Estados Unidos, el presidente Franklin D. Roosevelt lo dijo de manera inmejorable: «Lo único que debemos temer es el temor mismo».

El miedo puede resultar paralizador. Piensa en lo que les pasa a los ciervos cuando los ciegan los faros de un coche que se acerca. Debido al miedo, reaccionan quedándose inmóviles, sin hacer nada. Si se movieran en cualquier dirección, el conductor del vehículo rectificaría la dirección del mismo de forma natural, girando el volante en la dirección opuesta con un final mucho más feliz tanto para el animal como para él mismo.

Cuando alguien tiene miedo de tomar una decisión, verás que responde con frases evasivas como: «Quiero consultarlo con la almohada». «Necesito pensarlo bien.» «Tengo que presentarlo ante el comité.» (Incluso cuando nadie te ha dicho que hubiera un comité.) «Voy a esperar treinta días, sesenta días, incluso tres meses para tomar una decisión.» «Ya le llamaré.» «Quiero consultar mi decisión con alguien.» «No estoy listo para decidir.» «Tengo que investigar un poco más antes de tomar una decisión.» «Quiero ver otras opciones.»

Cuando tus clientes te dicen algo de este estilo, tu tarea es llegar al fondo de lo que les asusta. Si crees que tu trabajo de vendedor se parece, cada vez más, al de un psicólogo, tienes razón en muchos sentidos. Hay tantos matices en esta profesión que podría pasarme el resto de la vida escribiendo sobre ellos y no los abarcaría todos.

Veamos, ¿qué temen tus clientes? Hemos hablado del miedo a tomar una decisión equivocada o hacer el ridículo. Pero es preciso considerar las características específicas de cada cliente y de cada situación.

¿John y Mary tienen miedo de dedicar 200 dólares al mes a un servicio de teléfonos móviles y un contrato de mantenimiento a dos años? ¿Y si otra empresa acreditada les ofrece un plan mejor después de que se hayan comprometido? ¿Cómo se sentirán? ¿Qué harán?

¿A Bill le preocupa que si toma la decisión de pedir

cinco mil unidades de algo (porque así consigue el mejor precio por unidad) luego puede haber una desaceleración del mercado y pasarán años antes de poder librarse de la mercancía?

Aunque todos sabemos que es imposible predecir el futuro, nosotros, como profesionales de la venta, debemos hacer todo lo posible por pintar un cuadro satisfactorio para nuestros clientes, una vez que hayan adquirido nuestros productos. Una vez más, siempre hemos de tener en mente lo que sea realmente bueno para el cliente. No queremos que vengan a vernos al cabo de un mes diciendo: «Nunca debería haber tomado aquella decisión». Aunque fue su decisión, quizá sientan algo de rencor hacia ti porque tomaste parte en ella. Podrías perderlo como cliente a largo plazo, su respeto y cualquier recomendación que quizás hubieras conseguido, si la decisión inicial hubiera sido buena para ellos. Quizás incluso tengas que decir algo parecido a esto durante tus presentaciones: «Bob y Sally, nadie puede predecir qué nos traerá el futuro. La solución que estamos discutiendo hoy, aquí, es para solucionar los problemas de este momento. Ojalá pudiera saber qué pasará dentro de sesenta o noventa días y hacerles una recomendación basada en ese futuro, pero sólo puedo ayudarles con las necesidades que han expresado aquí, hoy».

Los temores de algunos clientes serán tan fuertes que quizá tengas que presentarles diversos escenarios, basados en lo que pudiera suceder en el futuro. «Si el futuro es brillante, entonces ésta sería la mejor solución.» «Si las cosas empeoran, la mejor solución sería...» Luego presenta la mejor solución para este momento, que debería ser algo intermedio. La mayoría optará por esa elección intermedia.

Si crees que un cliente sólo trata de posponer una decisión, tendrás que emplear algunas estrategias para hacer que se decida. Aquí tienes algunas preguntas que puedes hacer:

«¿Cuándo cree que estará dispuesto a tomar una decisión, si no es hoy?» Es de esperar que esto lo hayas averiguado durante la etapa de calificación de tu ciclo de ventas, pero si no es así, ciertamente necesitas la respuesta ahora.

«¿Qué cree que puede cambiar dentro de treinta días y que pudiera afectar qué solución elija?» Quizá sea el inicio de un nuevo año fiscal. Tal vez tenga una venta importante a punto de cuajar. Si sale bien, tendrá el presupuesto para hacer la compra. Si no, no lo tendrá. Puede que tu cliente potencial no se sienta cómodo revelándote esto, pero si has hecho un buen trabajo hasta ahora, tienes todo el derecho a hacer la pregunta.

«¿Cuándo es la próxima reunión de la junta directiva? Estaría encantado de hacer una presentación ante ellos para poder contestar a cualquier pregunta que tengan.» Nunca, jamás, dejes que un cliente potencial presente tu oferta a otros involucrados en la decisión. Tienes que hacer, siempre, todo lo posible para presentarla tú directamente, De esta manera, podrás observar sus reacciones y responder cualquier pregunta que pudieran tener. Si no lo haces así, en la siguiente conversación que tengas con esta persona te dirá: «Bueno, le di a Fulano y Mengano los detalles y decidimos que no nos convenía». Por lo menos, consigue que acepten que presentes algo que has preparado tú mismo. Asegúrate de cubrir todos los detalles que has discutido en tu reunión con esta persona, de forma que no se quede nada en el tintero. Tu único problema será si los otros leen realmente a fondo lo que les entregues.

Si tu cliente potencial quiere ver otras opciones o comparar precios, dile: «Conociendo el sector como lo conozco, me encantaría ayudarle en cualquier búsqueda adicional o comparación de costes que crea necesarias antes de tomar una decisión». Sitúate como una ayuda para él o ella, como alguien que puede ayudarlos a realizar la tarea más fácilmente o en menos tiempo.

Con estas preguntas y declaraciones, en la práctica estás poniendo a prueba lo que te dicen. Si sólo están dándote largas, estará clarísimo. Si de verdad es necesario esperar, te conviene recoger tanta información como sea posible sobre por qué, quién está involucrado y qué otra información creen necesario que les des para que puedas seguir en la partida. No dejes nunca a un cliente, después de que te dé largas, sin sacar algo más de él. De lo contrario, igual estás sosteniendo la puerta abierta para que entre la competencia en cuanto tú salgas.

Tu meta es llegar al fondo de sus miedos. ¿Cuál es la verdadera razón que los frena? ¿Puede ser que no tengan el dinero y no quieran admitirlo? Si este es el caso, ¿tu empresa ofrece financiación a corto plazo? ¿Pagos mensuales? ¿Tu empresa consideraría la posibilidad de hacer un envío inicial pequeño, si el cliente se comprometiera a adquirir, en tres meses, el resto del pedido mínimo exigido? Siempre hay que buscar soluciones. Debes permanecer dentro de los parámetros de lo que tu empresa puede o está dispuesta a hacer, pero buscar siempre respuestas incluso para el más pequeño aspecto de una venta que pudiera crear resistencia hasta el punto en que te impida conseguir el negocio.

Resumen

- Has aprendido un sistema para mantener la preocupación bajo control.
- Imaginas la resistencia a la venta como un muro de ladrillo. Sabes cómo se añaden ladrillos y cómo impedir que se añadan.
- Todo lo que dices y haces es para tener clientes a los que les gustas, que confían en ti y que quieren escucharte.
- Te das cuenta cuándo alguien demora tomar una decisión y sabes cómo responder a esta actitud.
- Ayudas a tus clientes a comprender que hoy sólo se pueden solucionar los problemas de hoy.

9

Cómo hacer proselitismo entre los clientes de la competencia

Durante los ciclos de alza de tu sector, quizás haya clientes más que suficientes para tus productos, así que vas tras el negocio fácil antes de abordar a alguien que trabaja con la competencia. No obstante, siempre habrá esas cuentas importantes por las que vale la pena hacer el esfuerzo.

En tiempos de menor actividad económica quizá no sean tantas las personas que pueden tomar la decisión de comprar tus productos. Esto significa que es importante tener en cuenta la posibilidad de conseguir nuevos clientes, arrebatándoselos a la competencia. Será preciso emplear ciertas estrategias para lograr que esos clientes se decidan por ti, en lugar de por la competencia.

> Los negocios son un buen juego; mucha competencia y un mínimo de reglas. El tanteo se lleva con dinero.
>
> NOLAN BUSHNELL

Cuando los tiempos son buenos y puedes ofrecer un producto moderno o innovador, no tendrás que preocuparte en exceso de la competencia. La impresión general es que hay muchas ventas en perspectiva. No te sentirás como si formaras parte de una manada, compitiendo por vender. En otras palabras, tú (o tu empresa) seréis el perro guía de tu entorno y casi todas tus preocupaciones serán servir a los clientes que ya tienes y a aquellos que acuden a ti. Es un lugar maravilloso y, sinceramente, espero que te encuentres en esa situación muchas veces a lo largo de tu carrera de vendedor.

Es cuando no eres el perro guía cuando tienes que mirar no sólo hacia delante, sino también hacia los lados y hacia atrás por encima del hombro para ver qué hacen todos los demás para conquistar su cuota de mercado. Es entonces cuando, en ocasiones, te encontrarás actuando con unos niveles altos de adrenalina, elaborando estrategias con otras personas de la empresa para conquistar el negocio de clientes clave y analizando las ofertas de la competencia hasta en sus más mínimos detalles. Créeme, esos momentos pueden ser muy excitantes y estimulantes —en un buen sentido— si contemplas la competencia con una actitud adecuada.

Por ejemplo, uno de mis alumnos trabajaba en un terreno muy competitivo. Él y otro competidor parecían ir, en gran medida, detrás del mismo negocio. Para él, era frustrante encontrar una empresa con las calificaciones adecuadas para su producto, sólo para descubrir que el Señor Competidor ya la había visitado y había cerrado la venta.

En lugar de dejar que esa rivalidad lo reconcomiera de forma negativa, decidió responder de frente. Averiguó el nombre de su rival, buscó su foto en la página web de la compañía y la imprimió. A partir de entonces, llevó esa foto en el bolsillo cada día de trabajo.

No te preocupes... esta historia no tiene un final misterioso o triste. Mi alumno utilizó la foto para motivarse. Siempre que le entraban ganas de quedarse en la cama hasta tarde pensaba en su competidor. Cuando tenía ganas de dejarlo hasta el día siguiente, metía la mano en el bolsillo, sacaba la foto y miraba al otro vendedor a los ojos. Sabía que aquel hombre era bueno en su trabajo y que él necesitaba seguir trabajando para poder reclamar una parte mayor del territorio para su empresa.

¿Cómo respondes cuando te enteras de que la competencia le ha echado el ojo al mismo cliente que tú? ¿Te irrita? ¿Intentas hablar con tu cliente potencial para convencerlo de que no haga negocios con la otra compañía? ¿Criticas a la competencia? ¿O pensar en competir te motiva para redoblar tus esfuerzos y hacer un trabajo mejor para el cliente? ¿Luchas por eclipsar al otro y ganar la confianza y el negocio del cliente potencial?

Como habrás adivinado a estas alturas del libro, el mejor camino es siempre el camino más ético. Nunca, nunca, nunca, critiques a la competencia. No lo hagas ante los clientes. Ni ante tus compañeros vendedores. Ni siquiera lo pienses cuando estás solo. No te lleva a ningún sitio. No deberías gastar ni un ápice de tu vital energía de venta en algo así.

Saber que tienes competencia debería ser un gran motivador para ti, y nada más. Debería motivarte para desarrollar tu mejor juego todo el tiempo. Debería motivarte para hacer esa llamada extra cada día. Debería motivarte para innovar tu planteamiento, para ser diferente. Recuerda, en la venta, ser diferente es bueno. Ser diferente te ayuda a destacar entre el resto de los vendedores que conocen tus clientes. Ser diferente hace que te recuerden. Siendo diferente no tardarás en descubrir que cruzas la puerta de tus posibles clientes por delante de la competencia.

Como decíamos en un capítulo anterior, siempre habrá veces en que la competencia tenga problemas y deje el negocio. No querrás verte obligado a trabajar con alguien a quien quizás hayas criticado ante un cliente en el pasado. Y viceversa, cuando tu empresa cierre, no querrás tener que buscar trabajo en una compañía competidora de la que has hablado negativamente. Si siempre actúas con sentido ético, no habrá nada que pueda volverse en tu contra.

Bien, volvamos al camino ético. ¿Qué haces respecto a la competencia? Primero, averiguas todo lo posible de sus productos, servicios y maneras de hacer negocios, tanto como sabes de tu propia compañía. No te muestres reacio a hacerlo. Si estás realmente entregado a la venta, a tu sector y a tus deseos de servir bien a tus clientes, te resultará fácil encontrar esta información y te será más útil de lo que imaginas.

A menos que tengas una fuerte personalidad del tipo A, no es necesario que lo hagas todo de golpe. Sólo empieza a prestar atención a los retazos de información sobre la competencia con que te tropieces cada día. Te aconsejo que lleves un cuaderno de notas o tengas un archivo en el ordenador para cada compañía competidora. Apunta la información que averigües para que te sea fácil encontrarla cuando la necesites. No tardarás en darte cuenta de que sabes mucho sobre sus productos y sobre cómo se comparan con tus ofertas. Comprenderás cómo funcionan y verás las diferencias (esperemos que sean diferencias a tu favor) que tu empresa ofrece. Esta información te ayudará a estructurar unas presentaciones mejores de tus propios productos. Esta mejor comprensión te ayudará a aclarar las diferencias clave que pueda haber en la mente de tus posibles clientes.

Verás, tu empresa y la competencia quizás estén en el mismo sector y vayan tras el mismo tipo de clientes, pero es posible que tú no tengas la información del producto organizada de tal manera que un cliente potencial pueda comparar entre cosas similares. Para tener éxito, es fundamental que sepas qué resultado ofrecen ambos productos cuando se comparan directamente y que puedas demostrárselo a tu cliente. Es posible que incluso tengas que examinar con ellos las explicaciones de los productos de la competencia para que la equiparación esté clara. Quizás el cliente crea que está haciendo una simple comparación, pero tal vez tú sepas que es un poco más complicado. Si un cliente potencial está confuso, esto será la muerte de la venta. No dejes que te pase a ti.

Cuando hagas comparaciones con los productos de una compañía rival, tienes que usar su material de marketing y sus especificaciones o una fuente independiente. Si creas tus propias comparaciones, elaborando tablas, gráficos y otras cosas, quizás hagas un trabajo magnífico, pero es posible que tu cliente se pregunte si has sesgado la información para que te favorezca. Si le enseñas a interpretar las especificaciones del producto de la competencia, directamente a través de sus folletos impresos o de su página web, y a compararlas con las tuyas, tendrás mucha más fuerza.

Anticiparse a las objeciones de la competencia

Es inútil negar que, ahí fuera, tienes competencia. Tampoco es posible no hacerle ningún caso. Volviendo a mi comentario sobre ser diferente, te recomiendo que te anticipes a los deseos de tu cliente potencial de comparar antes de comprar, de encontrar el mismo o parecido producto de la competencia. No hacerlo es absurdo. De hecho, deberías ser tú quien sacara el tema de la competencia. No estoy loco. Esperar que todo acabe bien en una venta, sin que tengas que enfrentarte a la idea de la competencia, eso sí que es una locura.

Dado que sabes que hablar del producto de un competidor es inevitable, prepárate para hacerlo, plantéalo tú mismo y maneja la situación hábilmente. Esto te da el control. No será algo que el cliente potencial pueda utilizar más adelante, en la secuencia de venta, para frenarla.

Cuando hayas hecho tus deberes sobre la competencia, podrás decirle a tu siguiente cliente potencial: «Señor Butler, sabemos que no somos la única empresa que ofrece este tipo de producto a personas como usted. También sabemos que quizás, antes de decidirse, tenga intención de mirar especificaciones y precios del producto en otros sitios. Por esta razón, es parte de mi trabajo saber tanto de los productos de la competencia como de los nuestros. Toda esa búsqueda de información puede consumir mucho tiempo. Para ahorrarle algo de ese tiempo, será un placer ayudarle a comparar entre productos similares. ¿Qué marca sería más probable que considerara, aparte de la nuestra?» Habrá unos cuantos compradores intransigentes que querrán hacer sus propias comparaciones. No obstante, muchos se alegrarán de escucharte. Después de todo, han dedicado su precioso tiempo a hablar contigo hasta este momento. Son conscientes de que eres experto en el sector y saben que tu trabajo consiste en estar al tanto de tu línea de productos en todo el sector.

Cuando se trata de decidir una compra, la mayoría quiere reunir toda la información posible para tomar la decisión... y luego pasar a disfrutar de los beneficios del producto. Si puedes proporcionarles esta información, toda de una vez, para que hagan las comparaciones que ellos mismos se exigen, y has demostrado ser digno de confianza, ¿por qué no iban a aprovecharse de ello?

Una compañera en la formación de ventas y coautora, Laura Laaman, enseña una estrategia que llama *Al asalto de la competencia*. Dice:

«Una manera magnífica de poner al descubierto cualquier otra opción que un cliente pudiera estar sopesando es memorizar y ensayar la siguiente pregunta y expresarla de una manera amistosa: "Barry, ¿qué otras opciones y/o compañías está considerando que yo pueda comparar y contrastar por usted hoy?" Muchos vendedores no hacen preguntas así porque temen que, al preguntar, le están diciendo al cliente que existen otras alternativas y que pueda acabar eligiendo a la competencia. Si tu producto o servicio es como la mayoría, tu cliente tendría que estar viviendo en una cueva para no saber que hay otras compañías que intentan vender el mismo producto o servicio que tú. Al tratar este aspecto de forma natural y abierta, y ofrecerte a comparar y contrastar las diferencias para él, le estás ahorrando tiempo y le estás diciendo que no tienes nada que esconder.

»Una vez que hayas descubierto qué otras compañías o alternativas está considerando el cliente, ten preparada una respuesta positiva para explicar que tu producto o servicio es superior. Asimismo, infórmalo de que tu opción será más o menos cara que la otra que está considerando. Memoriza y ensaya: "Durante el rato que estaremos juntos, me alegrará comparar y contrastar las muchas diferencias que hay, mostrarle por qué este modelo es superior —en especial en su situación— y por qué somos un poco (más/menos) caros". De esta manera, durante tu presentación, podrá atender a las razones de por qué deben comprar tu producto, sin pensar en esos otros aspectos.

»Tómate el tiempo de anotar entre cinco y diez cosas en que eres superior a otras compañías. ¿Qué beneficios o servicios ofrecéis vosotros que la competencia no ofrece? ¿Apoyo gratuito, una garantía de mayor duración, piezas de recambio sin cargo, una entrega más rápida, más disponibilidad? Durante el tiempo que pases con el cliente, demuéstrale por qué tu producto o servicio vale el precio que tiene. Deja claras las diferencias.

»Cuando se hace de forma adecuada, sin estar a la defensiva, los clientes encontrarán que este planteamiento es refrescante y, con frecuencia, te recompensarán eligiendo tu producto.»

Una vez que el cliente te diga qué marca o modelo compararía con el tuyo, hazle unas cuantas preguntas sobre por qué lo ha elegido. Podría ser que hubiera visto un anuncio de esa marca. Quizás, en el pasado, ya haya tenido experiencia con otros productos de la línea de esa marca. Puede que se la haya recomendado un amigo o familiar en quien confía y que tal vez haya adquirido el tipo de producto que ahora él está considerando.

Aquí es preciso que vayas con pies de plomo. No sólo no debes criticar a la competencia, tampoco critiques, nunca, los consejos que tu cliente potencial ha recibido de alguien. Por el contrario, tu tarea es informarlo y dejar que saque sus propias conclusiones, teniendo en cuenta sus necesidades concretas. No señales, nunca, que la persona que ha hecho la recomendación tomó una mala decisión o no estaba bien informada. ¿Recuerdas los ladrillos del capítulo anterior? Si manejas mal esta situación, te encontrarás con que estás volviendo a levantar esa pared de resistencia a la venta. Peor todavía, podrías estar abriendo una bonita ventana en la pared, una ventana por la que se podría colar la competencia.

Si tu cliente potencial todavía no ha determinado cuál de los productos de la competencia es comparable al tuyo, dile lo siguiente: «Muchos de nuestros clientes satisfechos compararon nuestro actual modelo con los modelos de la serie 200 de XYZ Company. Lo que descubrieron fue que...» Ofrécele una comparación resumida, breve, basada en tu conocimiento de los productos. Luego, introduce el testimonio de un cliente que está satisfecho con la decisión que tomó de adquirir tu producto, en lugar del de la otra marca.

Sé consciente de que la competencia está siempre esperando, en silencio, en un rincón, mientras tú hablas con cualquier cliente potencial. En lugar de dejar que ese competidor sea una distracción en la venta, invítalo a la fiesta. Después de todo, cuando eres tú quien está ante el cliente, se trata de tu fiesta. Tú eres quien decide cómo se desarrolla. Si conoces bien lo que tienes entre manos, la información sobre la competencia debería ser el catalizador que lleve al cliente hasta tu producto.

Cuando un cliente tuyo piensa en la competencia

Llamas a Barb Crandall, la agente de compras de Número Uno, tu cliente principal. Es un contacto estándar. Llamas para ver qué tal va todo en la compañía y para confirmar su próximo pedido. Barb se muestra tan cordial como siempre, pero cuando llega el momento de hacer el pedido, vacila. Te ha dicho que la empresa ha sufrido un bajón en el negocio, pero no que afectaría a vuestra relación comercial. Si todavía no se han disparado las alarmas en tu cabeza, deberían hacerlo. Es preciso que tantees el terreno para averiguar si ha cambiado algo más, por ejemplo la necesidad de tu producto o la fidelidad de Barb hacia tu marca.

—Lamento que tu empresa se enfrente a los mismos problemas que afectan a otras del sector. Sin embargo, parece que estáis tomando las decisiones adecuadas, que deberían ayudaros a superar las actuales dificultades. Ofrecéis un buen servicio y debería tener un mercado lo bastante amplio como para sobrevivir a unos tiempos difíciles.

—Gracias, estamos un poco preocupados por las ventas últimamente y tenemos que ser cautos en extremo.

—Es comprensible. Hay algo con lo que siempre podéis contar y es con nosotros. Estamos dispuestos a ayudaros de cualquier manera que podamos. ¿Vais a hacer algún cambio en vuestro pedido de este mes o tenéis suficiente negocio concertado y lo dejaréis igual?

—Bueno, debido a los cambios que se están produciendo, hemos decidido echar una ojeada a nuevas oportunidades en relación con todos nuestros proveedores.

¡Bam! La mayoría de vendedores se habrían quedado totalmente aturdidos por esta conversación. Habrían mascullado algo como «Oh, entiendo». Y a continuación, quizá no hubieran escuchado nada más de lo que Barb tuviera que decir. Por el contrario, lo que estarían oyendo es cómo disminuía su sueldo porque iban a perder esta cuenta.

Los profesionales de la venta, cuando les cae encima una noticia así, reaccionan como si estuvieran navegando. En lugar de plegar velas, lo que hacen es cambiar de rumbo y seguir adelante para averiguar todo lo que puedan sobre lo que ha provocado este cambio. Hasta que sepas qué ha hecho cambiar la manera de pensar del cliente, no podrás contrarrestar sus efectos.

Si de verdad has servido a este cliente lo mejor que has sabido y tu producto ha sido satisfactorio, tienes derecho a hacer muchas preguntas. Si la calidad, sea del producto o el servicio, ha disminuido, quizá te merezcas sufrir cualquier cambio que se avecine.

Tomemos la primera situación, cuando has ofrecido lo mejor de lo mejor al cliente. Si te ofrecen esa oportunidad bien ganada, ¿qué preguntas haces? Lo primero es no ponerte a la defensiva. Esto te haría parecer un niño quejica, en lugar de un profesional curtido. Por el contrario, sé directo y firme al pedir información. Esa información es el cable que necesitas para conservar a Número Uno como cliente.

Si el agente de compras te dice que la empresa está pensando en estudiar nuevos proveedores, necesitas seguir estando en la lista. De hecho, deberías ofrecerte para ayudarlos en su búsqueda. Después de todo, eres experto en el sector y sabes más de la competencia y sus productos que Barb. Muéstrate comprensivo.

—Cuando las cosas cambian como lo están haciendo para tu compañía, tiene sentido echar una ojeada a otros servicios externos. ¿Qué productos o compañías tienes en mente?

—Bueno, ya estamos hablando con otra empresa. De hecho les hemos pedido una propuesta, así que voy a posponer el siguiente pedido que íbamos a haceros.

—Entiendo. Mira, Barb, no sólo trabajo para Ultimate Products, además hago todo lo que puedo para mantenerme al tanto de lo que está haciendo la competencia. Por ello, tengo mucha información sobre otros productos y servicios disponibles, incluyendo precios. Sé que ya habéis hablado con alguien, pero, ¿por qué no me dejas ayudarte con las comparaciones? Después de todo, a estas alturas conozco las necesidades de tu empresa bastante bien. De hecho, si me dices en qué compañía y qué producto estáis pensando, será un placer hacer una comparación con nuestro producto, que ya estáis utilizando con éxito. Hay otras opciones, más económicas, por ahí, pero sabes tan bien como yo que vuestros clientes dan por sentado un cierto nivel de calidad por vuestra parte. Permíteme que te ayude a evaluar las opciones. Quizá pueda proponeros algunos cambios menores que podríais hacer en la calidad y que tendrían un efecto suficiente en los resultados finales como para ayudaros a superar los problemas a los que os enfrentáis en estos momentos.

Cuando acepte, vas a tener que esforzarte. Pero si es una de tus cuentas clave, valdrá la pena. Desde luego, tu objetivo es hacer que comprendan que seguir contigo es lo mejor. Tal vez tengas tu propio producto de menor calidad al que podrían pasarse temporalmente. Igualmente, cuando hables con tu director, podríais hacer algo para mantener el descuento por grandes cantidades a los pedidos más pequeños, durante un corto espacio de tiempo, a fin de ayudar al cliente a superar el bache. Una vez que tengas la oportunidad, descubrirás que eres muy creativo en cuanto a posibilidades. Todo consiste en que consigas esa oportunidad diciendo las palabras acertadas.

Si la competencia ha conseguido meter el pie en la empresa de uno de tus clientes, no pierdas la calma y maneja la situación con tacto y elegancia. Es de esperar que te hayas mantenido al tanto de lo que la competencia ofrece. Si no es así, es hora de que estudies los más y los menos de sus productos.

A continuación, es preciso que revises tu historial con el cliente de que se trate. Refresca tu memoria sobre lo bien que lo has servido a lo largo del tiempo. No es que vayas a desgranar fechas, hechos y cifras de ese historial, como si estuvieras presentando un alegato legal, pero necesitas pisar terreno firme en tu información. Será importante que seas capaz de referirte a incidentes específicos cuando tus conocimientos personales los beneficiaron. Verás, no sólo están pensando en hacer negocios con otra empresa y probar otro producto; están considerando la posibilidad de sustituirte por otro vendedor. Podría darse el caso de que no hubieran pensado en que, si otro vendedor se ocupa de sus necesidades, estarán renunciando a tus conocimientos y experiencia personales. Cuando una compañía elige tu producto o servicio, no sólo escogen a tu empresa, te escogen a ti. Eres un elemento fundamental y esperemos que lo bastante valioso como para que tengan en cuenta el riesgo que entraña perderte.

Es importante actuar antes de que el cliente se involucre emocionalmente con un nuevo vendedor, su producto y su empresa. ¿Recuerdas lo que decíamos sobre que compramos emocionalmente y luego defendemos las compras racionalmente? Es preciso que estés ahí antes de que sus emociones empiecen a cambiar. Pide una oportunidad para ir a verlo en persona, si es posible, a fin de hablar del cambio en sus necesidades. Siempre es mejor hablar cara a cara. Lo segundo mejor sería una conversación telefónica.

Como ya he mencionado, no actúes como si estuvieras peleando por conseguir su negocio. Eres un experto en el sector y estás a su servicio. Tienes que aparecer como tal y ayudarlos a ver el valor de tu continuado servicio a su empresa.

Si tienes la impresión de que el cliente se inclina hacia la competencia, aconséjale que sea cauto al hacer un cambio. Aconséjale que compruebe referencias y hable con clientes que, en la actualidad, usan los servicios de la otra compañía. Lo haces movido por tu interés *hacia él*; no sólo porque te preocupa perderlo.

Si finalmente el cliente decide cambiar, aquí es donde entra en escena la elegancia. No quemes tus naves. No actúes como si pensaras que está cometiendo un enorme error. Limítate a lograr que te permita seguir en contacto con él durante la transición. Todos tus actos nacen de tu interés y preocupación por él. Deseas ser la persona que sirva sus necesidades, pero si decide cambiar, quieres tener la seguridad de que al final está contento. Si no lo está, estarás ahí, a mano, para proporcionarle, de nuevo, un nivel de servicio excepcional.

Te aconsejo encarecidamente que te pongas en contacto con cualquier cliente que hayas perdido treinta o sesenta días después de que haya hecho el cambio. Es estupendo si puedes acceder a él directamente, pero incluso si tienes que dejarle un mensaje en el buzón de voz, esto es lo que has de decir: «Barb, soy Tom. Sólo llamaba para ver qué tal os iban las cosas con el nuevo producto/servicio. Como sabes, me importa mucho que estéis satisfechos. Si estáis contentos con haber hecho el cambio, ¡fantástico! Si tenéis cualquier reserva, ya sabéis que siempre estoy aquí, dispuesto para ayudaros a hacer cualquier investigación adicional o atender a vuestras necesidades yo mismo, de nuevo».

Créeme; es algo que pasa: unos clientes muy antiguos hacen cambios que creen que serán para mejor; luego, unas semanas o unos meses más tarde, se dan cuenta de que les iba mejor contigo. Tu conducta servicial les ayudará a encontrar la manera de volver a buscarte. Cualquier otra actitud por tu parte hará que les parezca que, si acaban volviendo contigo, quedarán en ridículo o tendrán que humillarse. Si tienes siempre presente su estado emocional, actuarás más como el padre del hijo pródigo de la Biblia, y celebrarás su regreso con tanto júbilo que también ellos se sentirán entusiasmados. Mantener el contacto y no dejar el seguimiento puede hacer que recuperes el negocio del cliente, arrebatándoselo a la competencia.

Cómo arrebatarle negocio a la competencia

Veamos, ¿cómo consigues abrir un resquicio para conseguir el negocio de una compañía o una persona a la que sirve la competencia? Antes que nada, actúas siguiendo las tres P: *Pleasant, Professional* y *Persistent* (Placentero, Profesional y Persistente) en todos tus contactos con tus posibles nuevos clientes. Si no dominas las dos primeras, la tercera no tendrá ninguna importancia.

No puedes esperar que alguien que trabaja con la competencia cambie de bando y haga negocios contigo sólo porque te has puesto en contacto con él una vez. Puede darse el caso de que tu competidor no haya servido bien las necesidades del cliente y aquél esté esperando un catalizador para cambiar, pero no des por sentado que esa vaya a ser la norma.

En la mayoría de casos, la respuesta de tu primer contacto será: «No, gracias». Tu objetivo en ese contacto inicial no es vender nada, sino hacer que el cliente potencial hable. Así que nunca llames para presentar una oferta. Llama con preguntas. Si llamas a una empresa, pregúntale a la recepcionista quién es el responsable de tomar las decisiones relativas a tu tipo de producto. Luego, pídele que te ponga con esa persona. Si llamas a un particular (suponiendo que no infrinjas ninguna restricción de «No llamar») pregúntale cómo decide en relación con servicios como el tuyo. Recuerda, lo que necesitas utilizar durante tu primer contacto son preguntas que les hagan pensar y empezar a hablar.

Si tu producto es para el mantenimiento del jardín, la limpieza del aparcamiento o los servicios de conserjería, podrías decir: «Buenos días, señor Matthews, me llamo Tom Hopkins. Entiendo que es usted el responsable de las decisiones relativas a la primera impresión que sus instalaciones causan en sus posibles clientes». Nunca digas: «Me han dicho que se encarga de los conserjes». Cualquier cosa que digas se asocia a las emociones. Es posible que el señor Matthews sea el responsable de los conserjes, pero el resultado final de un trabajo bien hecho es que los clientes de la empresa reciban una primera impresión positiva. Aunque la mayoría reconoceremos rápidamente el nivel de limpieza de un edificio, raramente nos daremos cuenta del hombre o la mujer con el rociador, el trapo y la fregona que hace que todo esté así de limpio.

Cuando intentas abrir un resquicio para llegar al cliente de un competidor, la información es tu mejor y más potente herramienta. El conocimiento de los productos y maneras de trabajar de la competencia te ayudarán cuando empieces tus conversaciones con sus clientes. «Sé que actualmente compran sus suministros a Green Company. ¿Cuáles de sus productos utilizan más: HandiSani o Clean & Clear?» Al mencionar los productos por su nombre, demuestras que sabes de qué hablas.

Conoces los productos, cómo funcionan y también que los tuyos son mucho mejores o más económicos.

Con ese primer contacto lo que quieres, principalmente, es establecer un diálogo y que te permitan volver a ponerte en contacto con ellos. Dependiendo de lo que ofrezcas, quizá quieras enviarles una muestra gratuita para que la usen y comparen con lo que usan actualmente. Si tu producto es intangible, pídeles autorización para enviarles información donde se compara tu producto con el de la competencia o donde se detalla tu magnífica nueva oferta o programa. Una vez establecido el diálogo, quizá sólo sea necesario otro contacto más para que este cliente considere tus productos. Aunque también pueden ser necesarios siete u ocho contactos más. Cuando trates de desbancar a Juan o Juana Competidor, tienes que ir arrebatándoles trozos pequeños, pero fundamentales, de su base, no tratar de destruirla de un golpe. Ingéniatelas para abrirte camino hasta las oficinas, salas de estar y corazones de los clientes de la competencia. ¡No los tomes por asalto!

Al principio, puede que el cliente potencial piense que sólo eres un incordio. Oirás cosas como estas: «No nos interesa». «Estamos satisfechos con nuestra actual situación.» «No tenemos intención de cambiar.» No pasa nada. Acuérdate de nuestro capítulo sobre las objeciones. Considera que estas declaraciones no son más que pretextos. Sencillamente, no te conocen lo suficiente como para saber lo mucho que te necesitan.

Recuerda que la clave es la persistencia. Mientras seas placentero y profesional, no hay ninguna razón para que te rechacen de plano cuando demuestras esa persistencia. Esta constancia debería sembrar en su mente pequeñas dudas sobre el nivel de servicio de la competencia. Si su vendedor contacta con los clientes raramente, quizá descubran que les encanta toda la atención que derrochas en ellos. Tienes que caerles bien y, a continuación, aplicarte a ganarte su confianza diciendo que harás algo y haciéndolo. Una vez hayas conquistado esa confianza, querrán escucharte.

A continuación, encontrarás algunas frases para responder a algunos de los pretextos más comunes que oirás. La idea es seguir avanzando... hacia el siguiente punto de comunicación, contacto o conversación.

1. «No nos interesa.»

«No me sorprende que diga esto, señora Kelly. Después de todo llevan bastante tiempo con ThatCorp. Deben de estar haciendo un trabajo excelente sirviendo sus necesidades. No obstante, como bien sabe, vivimos en un mundo lleno de cambios. Lo único que le pido es que se mantengan abiertos a la posibilidad de recibir el mismo o mejor servicio con un gasto menor. La mayoría de nuestros clientes cambiaron a nuestro servicio por esa razón y están muy contentos de haberlo hecho. ¿Me permitirá, por lo menos, que le mande una muestra/le envíe información/contacte con usted de nuevo en el futuro?»

Si aceptan que sigas en contacto con ellos, has picado su curiosidad. Es posible que tu comunicación haga que se ponga en contacto con su actual proveedor para preguntarle por qué no han sido los primeros en hacerles llegar la información más reciente del sector o muestras gratuitas o lo que sea, lo cual, con suerte, pondrá en aprietos a tu competidor.

2. «Estamos satisfechos con nuestra situación actual.»

—Me alegra saberlo, Gary. ¿Le importaría decirme qué es lo que más les gusta de lo que han hecho para ustedes?

—Bueno, la verdad es que me gusta el vendedor que se ocupa de nuestra cuenta. Nos envía mucha información.

—¿Se trata de una información específica para sus necesidades o general del sector?

—General... como un boletín informativo. Pero realmente saco mucho de él.

—Estupendo, Gary. Por curiosidad, ¿cuánto hace que son clientes de ABC Industries?

—Unos cinco años.

—Cinco años. ¿Y cómo tomaron la decisión de empezar a comprarles?

—Bueno, el proveedor que teníamos estaba subiendo precios, así que decidimos echar una ojeada en otros sitios. Miramos otras dos compañías y elegimos a ABC porque tenían el precio mejor.

—Permítame que le haga una pregunta... Dado que, anteriormente, ya les ha resultado tan beneficioso comparar ofertas, ¿no tendría sentido considerar, por lo menos, la posibilidad de hacerlo de nuevo?

La progresión que lleva a esta última frase tiene mucha fuerza. Hace que el cliente piense que quizá podría irles mucho mejor. Cuando acepten que vale la pena pensarlo, la puerta estará abierta. Haz tu trabajo.

3. «No vamos a hacer ningún cambio.»

«Lo entiendo. Recoger la información necesaria para poder tomar una decisión sensata puede ser una tarea descomunal. Por curiosidad... si pensaran en hacer cualquier cambio en su programa, ¿qué es lo que más les gustaría mejorar?»

Para algunos cambiar es difícil. Tendrás que hacerlos hablar para averiguar por qué se resisten tanto. Podría ser que hubieran tenido una mala experiencia en el pasado, cuando un vendedor los engatusó. Podría ser que estuvieran demasiado ocupados para pensar en ello en estos momentos, pero es posible que dentro de treinta días sea un buen momento para ponerte de nuevo en contacto con ellos. En lugar de tratar de forzar el cambio, haz que piensen en algún pequeño motivo de descontento con su actual proveedor. Esto nos lleva de vuelta a lo que decíamos sobre el dolor del cambio. El objetivo es lograr que deseen cambiar porque se den cuenta de que no acaba de gustarles lo que tienen ahora.

Para tratar de atraer a alguien, haciendo que deje el producto o servicio de un competidor, es necesario que llegues a conocer la causa de su contento o descontento. Incluso si están satisfechos al cien por cien con su actual situación, deberías poder dejarles una impresión positiva, que quizá les haga pensar en ti para recomendarte a otro cliente. También podrías conseguir su negocio, en caso de que, en un plazo breve, algo cambiara con la otra compañía o vendedor. No es la primera vez que un cliente está satisfecho con un producto, luego el proveedor traslada al vendedor a otra zona (o a otro puesto) y el nuevo vendedor y el cliente no se entienden. El cambio se produce no porque estén descontentos con el producto en sí mismo, sino con la relación.

Como dice la cita del principio del capítulo, en los negocios no hay muchas reglas. Tienes mucha libertad para explorar posibles caminos para hacerte con clientes de la competencia. ¡Sé creativo!

Resumen

- Conoce los productos de la competencia tan bien como los tuyos.
- Utiliza la competencia para motivarte.
- Prepárate para interpretar la información de un competidor a fin de poder compararla, en buena lid, con la tuya.
- Sabes qué hacer cuando un cliente tuyo piensa en los productos de la competencia.
- Entiendes qué hacer para meter el pie en la empresa o en casa de un cliente de la competencia.

10

Maneras de cerrar la venta que ayudan a los clientes a vencer sus temores

> Ninguna pasión priva a la mente del poder de actuar y razonar con tanta eficacia como el miedo.
>
> EDMUND BURKE

El miedo le roba su poder a la mente. Creo que todos admitiremos que resulta difícil tomar decisiones cuando estamos asustados, aunque lo que tememos no tenga nada que ver con nuestra decisión. Cuando los tiempos son problemáticos o claramente difíciles, es preciso calmar nuestros propios temores sobre lo que pasa antes de poder ayudar eficazmente a los demás.

Si actúas movido por el miedo a no conseguir la venta, a perder tu empleo, a que tu empresa cierre o que tu sector caiga en picado, no actuarás de la manera profesional que es precisa para servir las necesidades de tus clientes. Cuando te calmes y comprendas que lo único que tienes es este momento en el tiempo, este cliente (con unas necesidades que puedes servir) y el magnífico producto que ofreces, podrás ayudar a tus clientes potenciales a enfrentarse a sus propios temores.

¿Cuáles son esos temores? Uno de ellos, y grande, son las pérdidas económicas. En tiempos de incertidumbre, nos inclinamos a economizar. Tratamos de agarrarnos a nuestro dinero con más fuerza y por más tiempo. No tomamos decisiones de compra muy generosas ni muy expansivas. No nos entusiasmamos con cosas nuevas, a menos que nos ahorren dinero o mucho tiempo. Tememos los compromisos a largo plazo. Lo más probable es que tomemos decisiones de compra muy parecidas a las que hemos tomado siempre. Cuesta más ganarse la confianza de los clientes, porque se sienten escépticos sobre prácticamente todo. Con algunas personas, es casi como si un auténtico «hombre del saco» estuviera a punto de atraparlos. Les da miedo hasta pensar en cualquier tipo de cambio. Si, en general, las noticias diarias son negativas —despidos, bancarrotas, empresas que cierran, etcétera— puedes dar por sentado que tropezarás con clientes que posponen tomar sus decisiones de compra por miedo. No es necesario que esas noticias tengan que ver con tu sector ni tus productos, ni siquiera con el sector del cliente. Si lo que leen, ven y oyen crea una mentalidad de temor, tienes que estar preparado para lidiar con ello.

Con las estrategias que veremos en este capítulo, ayudarás a tus clientes a centrarse en sus necesidades actuales y solucionarlas y, a continuación, actuar de manera positiva para mejorar su vida o su empresa. Imagínate que eres un agente positivo del cambio; una especie de superhéroe que evalúa las situaciones y ayuda a los demás a tomar decisiones sensatas. Calmas sus miedos y haces que actúen para mejorar las cosas, tanto para ellos como para su empresa.

Cuando te encuentres con posibles clientes que empiezan la conversación expresando los temores que sienten debido a las actuales condiciones económicas o sectoriales, es preciso que controles el tono de la reunión diciendo algo así: «Brad, con todas esas noticias negativas que nos rodean, ¿no te hace sentir bien saber que estás haciendo algo positivo al pensar en la posibilidad de un cambio?» Una declaración así crea el marco para el resto de tus conversaciones con ese cliente. Es como si dijeras: «Basta de tanta negatividad. ¡Seamos productivos!»

Un auténtico profesional encuentra la manera de utilizar lo que sea que esté sucediendo para que las cosas se hagan realidad. Los sentimientos negativos se vuelven positivos cuando se toman buenas decisiones. Los errores del pasado conducen a decisiones más sabias en el futuro. Las inundaciones y los huracanes causan estragos, pero también hacen que la gente se una, y nos ayudan a planear mejor para el futuro. Puedes transformar casi todo lo que oyes o ves en una poderosa ayuda para cerrar la venta. A todos nos gusta escuchar historias (auténticas) que nos ayuden a vernos como vencedores en cualquier situación. Las analogías son, también, excelentes técnicas para cerrar tratos. ¡Aprende a usarlas como un auténtico maestro!

Cuando quienes toman las decisiones lo dejan para otro día

Es posible que un cliente potencial posponga tomar una decisión cuando su sector está sufriendo una enorme reestructuración. Quizá quiera esperar y ver qué jugadores llegan a la final y cuáles se quedan en el corte. Aunque, en algunos casos, tal vez sea sensato esperar, en otros casi lo único que hace es retrasar la vuelta a una situación favorable. Cuanto antes se den pasos en una dirección positiva, antes se superarán o desvanecerán los problemas.

En tiempos de perturbaciones sectoriales, es raro que nos veamos sorprendidos por quién sobrevive y quién no. Contamos con tanta información sobre las compañías que cotizan en bolsa que, por lo general, mediante un rápido análisis, dispondremos de la información suficiente sobre su estado de salud. Por lo tanto, se puede eliminar esa actitud de esperar y ver como excusa para no tomar una decisión. Si tu sector pasa apuros y trabajas para una compañía que cotiza en bolsa, imprime una copia del balance más reciente y llévala contigo. Seguro que esa prueba de que goza de buena salud te resultará útil. Por otro lado, lo primero que debes hacer cada mañana es leer las últimas noticias sobre tu empresa, a fin de prepararte para las preguntas o dudas que puedan tener tus clientes. Es muy probable que tus posibles clientes estén haciendo lo mismo. Averigua qué leen, ven y oyen sobre tu empresa o tu sector para poder contrarrestar esas informaciones adecuadamente.

Cuando quienes toman las decisiones se inclinan a demorarlas, tienes dos opciones al tratar con ellos: (1) Esperar a que se decidan, lo cual no te aconsejo, a menos que sepas que se les acaba el plazo que tienen para decidir. (2) Decir y hacer lo necesario para que se pongan en marcha. En otras palabras, empujarlos para que salten al ruedo.

Si eres un profesional experimentado en el campo de la venta, es posible que te cueste creer lo que te voy a decir. Podría ser que, al principio, no te des cuenta de que el cliente te está dando largas. Algunas personas son muy buenas salvando las apariencias. Puede que te pidan información adicional, que digan que les gustaría analizar los detalles más a fondo o que traten de encontrar una situación ideal para las reuniones. Parece que avanzan, cuando en realidad sólo dan vueltas y más vueltas sobre sí mismas.

Cuando veas que esto es lo que sucede, es preciso que les hagas algunas preguntas. Pídeles que te resuman lo que opinan. Insiste en que te aclaren cuáles son, desde su punto de vista, los pros y los contras de tu oferta. Escucha atentamente para dar con algo a lo que puedas agarrarte para empezar a trabajar. Quizá no hayan entendido bien un beneficio importante que les reporta tu producto. Quizá no hayas incluido en tu presentación una información vital para que se decidan. Es fundamental que llegues a la raíz de su falta de decisión.

Podría ser que todavía no tengan información suficiente para tomar lo que, según entienden, es una decisión sensata. Puede ser difícil que un cliente reconozca que no sabe lo bastante como para tomar una decisión.

Es una sensación incómoda, en especial después de que se lo hayas explicado todo tan bien. No obstante, una vez que te digan qué les impide decidirse, puede ser fácil solucionarlo, ¿no es así? Sólo tienes que meterte de nuevo en el papel de educador y poner manos a la obra.

Otra estrategia al trabajar con los que postergan tomar una decisión es crear una sensación de apremio. ¿Puede aumentar de precio tu producto dentro de poco? Exponlo de esta forma: «Comprendo que vaciles en decidirte hoy, Carol, pero esperar hasta la semana que viene quizá no sea lo mejor para tus intereses. El precio ofrecido hoy sólo es válido para esta semana. Sabiendo que vas a ahorrar un buen pellizco, ¿no crees que es sensato tomar la decisión ahora?»

¿Qué tal si se produce una escasez de la oferta? «Jim, comprendo tu idea de pedir sólo las suficientes existencias para estos exhibidores, pero ¿qué pasará cuando lo vendas todo? ¿No crees que sería sensato pedir algo más de reserva ahora, en lugar de confiar en que todavía tendremos los tamaños y colores que necesitarás cuando éstos se acaben?»

¿Tiene la persona que debe tomar la decisión una fecha específica en mente que le exige pasar pedido un número dado de días por adelantado? «Señor Collins, el periodo de fabricación para este equipo es de cuarenta y cinco días. Si necesita tenerlo instalado para el quince del mes que viene, como ha indicado, el pedido debe cursarse hoy como máximo.»

¿Tu producto es como una inversión en la que cuanto más tiempo tienes para permitir que el dinero se incremente, mejor? ¿Es un seguro que es mejor establecer antes que después? Prueba lo siguiente: «Katy, Will, cuanto antes toméis esta decisión, antes quedará protegida vuestra familia, en caso de que suceda algo desafortunado». Sí, de acuerdo, esto juega un poco con el sentimiento de culpabilidad, pero si se han mostrado de acuerdo con todo hasta este momento y sabes que el producto es realmente bueno para ellos, quizá necesiten este empujoncito para poner su firma en los documentos. ¿No te odiarías si no los empujaras un poco, les permitieras que pospusieran la decisión y luego pasara algo?

Cuando trates de presionar a un cliente que se demora en decidir, su interés tiene que pesar más que cualquier incomodidad que tú puedas sentir. No hace falta decir que no cruzarías la raya y te pondrías agresivo en ningún caso, pero algunas personas no reaccionan ante las sutilezas. Es preciso preguntarles de forma muy directa y concreta para poder cerrar la venta.

A otros se les puede empujar actuando como si dieras el cierre por supuesto. Si no han rechazado tu oferta claramente, sigue avanzando para cerrar el trato. Luego di: «Patty, si no tienes otras preguntas o dudas sobre lo bien que nuestro producto servirá vuestras necesidades, lo único que falta es tu aprobación firmada en este documento». Bien, ahora Patty tiene que hacer algo, ¿no es así? O bien aprueba el documento o te da una razón para no hacerlo. En cualquier caso, avanzas, sea con la entrega del producto o con más información para dar solidez a tus argumentos de que tu producto soluciona sus necesidades.

¡A qué no me atrapas!

Es posible que los responsables de decidir hayan tenido una mala temporada últimamente, sea en lo personal o en la empresa y, lo más normal es que ahora estén disfrutando de toda la atención que les prestas. Algunas personas encuentran que la parte de conquista del proceso de venta es muy halagadora. Puede que no estén dispuestas a renunciar a que les vayan detrás.

Tu tarea con este tipo de personas es explicarles lo bien que sirves a tus clientes después de la venta. Describe, en detalle, el nivel de servicio que das. Pregúntales cuándo y con cuánta frecuencia quieren que te pongas en contacto con ellos. Promételes cumplir sus deseos exactamente. Quizá tengas que llegar hasta organizar una reunión «post-compra» incluso antes de que hayan tomado la decisión de comprar. Por supuesto, siempre se puede cambiar si no llegan a decidirse, pero tu voluntad de programar tiempo con ellos, antes de saber seguro que conseguirás la venta, debería tranquilizarlos respecto a que ya no los cortejes tanto después de cerrar la venta. Es prudente ayudar a los clientes potenciales a ver los beneficios añadidos de que disfrutan los que llegan a ser clientes, aunque no sea algo específico del producto, sino sólo que tú les dedicas una parte mayor de tu tiempo y atención.

Por ejemplo, si tu producto requiere instalación o formación, asegúrales que estarás allí en cada paso del proceso. Establece un programa, si debes hacerlo, recogiendo lo que entraña cada paso, cuándo se producirá, quién participará y cuánto tiempo necesitará. Al final, se quedarán solos con el producto. Infórmalos de las visitas de seguimiento previstas y de cómo se pueden poner en contacto contigo entre visita y visita. Tranquilízalos, una y otra vez, de que no vas a desaparecer una vez hayas completado la venta. La venta es sólo el comienzo de una relación duradera.

¿Hay suficiente confianza?

Podría suceder que quienes tienen que tomar la decisión no confían en ti lo suficiente. Puede que les guste lo que has dicho, pero no estén seguros al cien por cien de que los beneficios sean tan maravillosos como se los has pintado. Para ganar su confianza tienes que escucharlos atentamente cuando hablan. Los vendedores típicos están tan ocupados pensando en qué dirán a continuación que, con frecuencia, pasan por alto información importante transmitida por un cliente potencial. Puede ser una costumbre difícil de abandonar. Si eres así, sustituye esos pensamientos por actos que te ayuden a centrarte en lo que te están diciendo. Visual y verbalmente hazles saber que estás prestando la máxima atención a lo que te dicen. Inclínate hacia delante. Mantén un buen contacto visual. Asiente con la cabeza. Todos estos signos de tu lenguaje corporal les dicen que estás con ellos —que sigues lo que dicen— que te identificas con su situación y quieres, sinceramente, ofrecerles una buena solución para sus necesidades.

No hables en demasía. Son demasiados los vendedores que consiguen que sus posibles clientes se desinteresen de su oferta porque no paran de hablar. Es casi un hábito nervioso. Si no hablan, les parece que no controlan la situación. Si lees una novela policiaca verás que, por lo general, los que hablan demasiado es que tienen algo que ocultar. No querrás que tus posibles clientes piensen que eso es lo que pasa contigo.

Debes ser cortés en extremo, todo el tiempo, pero sé consciente de que la cortesía irá incluso más lejos con los que temen algo. No creas que es una perogrullada. Es asombrosa la diferencia que se genera en los sentimientos de un cliente potencial cuando dices cosas como «por favor», «gracias» y «sí, señor», respecto a cuando no las dices. Peca siempre de exceso de ceremonia cuando se trate de expresiones de cortesía.

Muéstrate respetuoso con el tiempo de un cliente potencial, eso te ayudará a calmar sus temores. Si absorbes demasiado de su tiempo, pueden temer que la compra les exigirá añadir más trabajo a su jornada, ya muy llena. Si no les dedicas suficiente tiempo, quizá piensen que la decisión no es nada importante. Es cuestión de equilibrio, como mínimo, y sólo actuando y luego evaluando lo que has hecho encontrarás el nivel adecuado.

Te aconsejaría que consideraras decir algo como lo que sigue para calmar los temores creados por la preocupación relacionada con el tiempo: «Señor Casey, según vaya avanzando nuestra relación de negocios, siempre respetaré su disponibilidad de tiempo. Me pondré en contacto con usted sólo con la frecuencia que usted quiera y de la manera que desee. Su tiempo es valioso y no quiero desperdiciar ni un momento en asuntos que no sean esenciales». No permitas nunca que haya latente algún temor y que emita vibraciones negativas. Da por sentado que cosas como el valor del tiempo son importantes en todas las situaciones de venta. Al abordar este aspecto, demuestras un alto nivel de cortesía y profesionalismo.

Algunos clientes necesitarán mantener un contacto semanal; aunque sólo sea mediante una llamada telefónica rápida. Esto ayudará a disipar cualquier temor residual que pudieran tener, una vez tomada su decisión de compra. Cuando se sientan más cómodos contigo, con tu producto y tu servicio, es probable que requieran una atención menor.

Ideas para cerrar el trato en situaciones difíciles

Cerrar una venta no es más que una manera de solicitar el pedido. Las estadísticas demuestran que la mayoría de ventas se producen después de cinco intentos para cerrar el trato. Esto significa que tus clientes conocen, por lo menos, cinco maneras de evitar la venta o de decir no. Si tú sólo conoces un par de maneras de conseguirla, ¿con cuánta frecuencia es probable que la cierres?

Los auténticos profesionales en el campo de las ventas tienen un gran arsenal de estrategias de cierre y siguen buscando más todo el tiempo. Aunque convertí la venta en mi afición, hace ya muchos años, todavía sigo analizando situaciones de venta que presencio o en las que participo. ¿Cómo me hizo sentir lo que esa persona decía o hacía? ¿Acepté comprar su producto? ¿Fue una experiencia agradable? ¿Cómo se traduce eso para otros tipos de productos o situaciones?

Como he dicho antes, casi cualquier situación puede ser utilizada para crear una estrategia de cierre. Algunas funcionan mejor con ventas al consumidor, otras con ventas de empresa a empresa. Te ofrezco unas cuantas que han demostrado dar resultado en todo tipo de situaciones. Se pueden encontrar muchas más en mis otros libros y en las enseñanzas de otros formadores de ventas. En mi página web recomiendo algunos de esos formadores que sé que son profesionales de gran calibre. Encontrarás un enlace con Recommended Educational Products (Productos educativos recomendados) en la página de Free Resources (Recursos gratuitos) de mi página web.

Es preciso que, en cualquier estrategia que decidas aplicar, actúes con la auténtica calidez y sinceridad que sientes hacia tus clientes. Si has leído este libro hasta aquí y no es eso lo que sientes hacia tus posibles clientes, será mejor que pienses en buscar otra profesión. Vender siempre gira en torno a lo que es bueno para ellos.

Utiliza estas técnicas de cierre hasta que te sientas cómodo para crear las tuyas propias.

El cierre «Puedo conseguirlo más barato»

Usa esta táctica para cerrar la venta cuando tu cliente potencial te pone trabas diciendo que quiere ver otras opciones o buscar una oferta mejor. Sus recelos tienen dos caras. Una es el temor a estar tomando una mala decisión. La otra es pensar que va a gastar demasiado dinero para los beneficios que va a conseguir. Es preciso que calmes esos miedos emocionales y lo ayudes a racionalizar su decisión.

Empieza por mostrarte de acuerdo con él. «Lo que dice bien puede ser verdad, Jerry. Después de todo, en la economía actual, todos queremos sacar lo máximo por nuestro dinero. Una verdad que he aprendido a lo largo de los años es que el precio más barato no siempre es lo que nos conviene realmente. La mayoría buscamos tres cosas cuando hacemos una inversión: (1) la mejor calidad, (2) el mejor servicio y (3) el precio más bajo. Hasta ahora no he encontrado ninguna empresa que ofreciera las tres; la mejor calidad y el mejor servicio, al precio más bajo. Por curiosidad, Jerry, para su satisfacción a largo plazo, ¿a cuál de las tres estaría más dispuesto a renunciar? ¿La calidad? ¿El servicio? ¿El precio bajo?»

Es muy raro que los clientes quieran prescindir de la calidad o el servicio. Lo que acabas de hacer es recordarle a Jerry —de una manera amable y educada— que consigues aquello por lo que pagas. Esto refuerza los beneficios de los que ya has hablado, diciendo que tienen un enorme valor, y debería introducir una ligera duda en su mente sobre el nivel de calidad y servicio que podría conseguir en otro sitio si trata de ahorrarse unos cuantos dólares.

El cierre de la «Verdad económica»

Este cierre te resultará útil en las situaciones de empresa a empresa. Es estupendo cuando tu cliente potencial te compara con unos competidores que sabes que ofrecen un producto inferior al tuyo. Es posible que el cliente se incline por gastar menos, pero tú sabes, basándote en sus necesidades, que estará más contento con tu producto de calidad más alta. Una vez más, lo que él teme es gastar dinero de manera imprudente. Estas palabras atacan de lleno ese temor:

«Debbie, no siempre es prudente dejarnos guiar sólo por el precio en nuestras decisiones de compra. Nunca es recomendable invertir demasiado en algo. No obstante, invertir demasiado poco también tiene sus desventajas.

»Si gastamos demasiado, perdemos un poco de dinero, pero eso es todo. Si gastamos demasiado poco, el riesgo es mayor, porque el artículo que hemos comprado quizá no nos dé la satisfacción que esperábamos. Es una verdad económica que pocas veces es posible conseguir lo máximo gastando lo mínimo.

»Cuando consideramos la posibilidad de hacer negocios con el proveedor menos caro, quizá sería prudente sumar un poco de dinero a nuestra inversión para cubrir el riesgo que corremos. Si está de acuerdo conmigo sobre este punto y está dispuesta y puede gastar un poco más, ¿por qué no adquirir un producto superior? Después de todo, es difícil olvidar los inconvenientes de un producto inferior. Cuando disfrute de los beneficios y la satisfacción de un producto superior, pronto olvidará cuánto ha invertido, sin importar cuánto haya sido.»

Sé que resulta un poco largo, pero da resultado. Si te preocupa tener que memorizarlo, divídelo en secciones pequeñas y trabaja en lo esencial. Una vez que consigas algunos éxitos con este concepto, estarás más motivado para aprenderte el discurso, hasta que salga con total soltura de tus labios.

El cierre «Debo hacer»

Es fantástico para los que postergan tomar una decisión; personas que parece que no quieren decidir, pero tampoco te dan nada a que agarrarte. Se basa en una táctica de planificación/productividad del tiempo que llevo años enseñando. Es sencilla. Cuando vives de acuerdo a estas doce palabras —*Debo hacer lo que sea más productivo posible en cualquier momento dado*— logras hacer más cada día.

Cuando tienes clientes que ni aceptan ni dejan de aceptar, diles: «Entiendo que dude en tomar una decisión hoy, Sherry. Seguramente tiene muchas cosas en la cabeza. En una ocasión, aprendí un dicho de un orador que tiene mucho sentido cuando se trata de manejar negocios de forma eficiente. Dice: "Debo hacer lo que sea más productivo posible en cualquier momento dado". Tiene sentido, ¿verdad? Lo cierto es que te ayuda a concentrar tus esfuerzos efectivamente. Bien, permítame que le pregunte qué es lo más productivo que podría estar haciendo justo en este momento».

No te sorprendas si tu interlocutora trata de cambiar de tema y dice algo como: «Estar tumbada en una playa de Hawái». Los que posponen sus decisiones son famosos por sacar la conversación de su cauce. Ante una respuesta así, te mostrarás de acuerdo en que el descanso y la relajación son importantes para la productividad, pero luego volverás a conducir al cliente a la realidad de dónde está justo ahora.

Si la respuesta no tiene nada que ver con vuestra reunión; por ejemplo, si dice que ha de acabar de leer un informe, reunirse con el personal, lavar los uniformes de fútbol de los niños o cualquier cosa que pudiera ser una distracción mental, prueba con lo siguiente: «De acuerdo, entonces librémonos de esta decisión para que pueda dedicarse a algo más productivo».

Si la respuesta es que lo más productivo es tomar la decisión, dirías: «Bien. Entonces vamos a ocuparnos de lo que quiere hacer ahora mismo. Con su firma aquí, le daremos la bienvenida a nuestra familia feliz de clientes satisfechos».

En cualquier caso, le estás pidiendo al cliente que compre —ahora— y dándole una razón lógica para que tome la decisión. Si ya ha aceptado emocionalmente que el producto es adecuado para él, esta estrategia es fantástica para darle ese empujoncito final que le llevará a dejar atrás el proceso de toma de decisiones.

Si el tiempo que ha pasado desde el contacto inicial hasta la pregunta de cierre ha sido largo, es posible que el cliente se sienta desconcertado temporalmente cuando la tarea de encontrar un proveedor toca a su fin. Nuestra declaración de productividad le ayuda a reconocer el valor de pasar a lo siguiente más importante.

El cierre «No entra en el presupuesto»

Cuando todo el mundo se está apretando el cinturón, tanto los individuos como las empresas tienden a vigilar muy de cerca su presupuesto. Pueden decirte: «No entra en el presupuesto» tanto si se trata de una venta al consumidor como de una transacción empresarial. Lo importante es recordar que un presupuesto, igual que la economía, no es una entidad en sí misma. Ambos se crean a través de los esfuerzos y las decisiones de la gente.

Tu objetivo cuando te enfrentas a una objeción basada en el presupuesto es llegar al fondo de su auténtico valor; a la razón de que se formule y a quien decide cómo se encara. Prueba con estas palabras: «Comprendo que desee mantenerse dentro del presupuesto, Frank. Soy muy consciente de la necesidad que tienen las empresas/personas de controlar sus gastos. ¿Estaría de acuerdo conmigo en que el presupuesto es una herramienta necesaria para la gestión prudente del dinero?» Lo estará, porque cree que con esto detendrán la progresión de la venta y que estás renunciando. Pero no es así. A continuación, di: «La herramienta en sí no dicta adónde va el dinero. Es uno mismo quien lo hace. Un buen presupuesto está dotado de una cierta flexibilidad para hacer frente a emergencias, cambios en las necesidades y oportunidades inesperadas. Usted, como controlador de ese presupuesto, conserva el derecho a hacer aquellos cambios que sean para su propio interés (o el interés de la compañía), ¿no es así? Lo que hemos visto aquí, hoy, es un producto que le permitirá (o a su familia o a su empresa) obtener un beneficio inmediato y continuado. Dígame, en estas condiciones, ¿su presupuesto será flexible? ¿O impondrá lo que usted haga?»

Acabas de poner a tu cliente en una posición de poder, en tanto que controlador del presupuesto. Admitirá que podría hacer algunos cambios. Y esto es exactamente lo que le has pedido que haga a fin de disfrutar de los beneficios de tu producto.

Si se atiene al presupuesto, tu siguiente pregunta sería: «Entonces, ¿cómo lo hacemos para que nos incluya en su presupuesto?» Si ve el valor de tu oferta y quiere aprovecharla, considerará qué medidas debe tomar para lograrlo. Quizá diga que necesita hacer algunos ajustes que llevarán algún tiempo. Si no hay otra manera de lograr la venta, acepta ser paciente, pero consigue que te diga en qué fecha espera que se produzcan esos cambios. Confirma que os reuniréis en esa fecha o antes. Prepárate para hacer una presentación mínima y una recapitulación resumida de todos los beneficios para devolver al cliente emocionalmente a la posición de querer adquirir el producto; luego cierra la venta.

El cierre «Colin Powell»

Este es un ejemplo perfecto de algo sacado de las noticias y convertido en un cierre de la venta. A principios de la década de 1990, durante la guerra del Golfo, Colin Powell era general. Si has seguido su historia posterior, sabrás que se retiró del Ejército y se convirtió en secretario de Estado estadounidense. Diría que la mayoría de sus conciudadanos conocen su nombre. Una de sus citas, extraída de un informe militar, encaja maravillosamente cuando tienes un cliente potencial que está indeciso. Yo la he convertido en un cierre de venta.

«Kirk, una vez oí una cita del anterior secretario de Estado, Colin Powell. Decía así: "La indecisión nos ha costado a los ciudadanos estadounidenses, a las empresas estadounidenses y al Gobierno estadounidense miles de millones de dólares... mucho más de lo que nos habría costado tomar una decisión equivocada". De lo que hablamos ahora es de tomar una decisión, ¿no es así? ¿Qué pasará si dice que sí? ¿Y qué pasará si dice que no? Si dice que no, no pasará nada y mañana todo seguirá igual que hoy. Si dice que sí... —En ese momento haz un resumen de los beneficios. Termina diciendo—: Cuanto antes tome la decisión, antes empezará a disfrutar de todos esos beneficios, ¿no es así, Kirk?» Es probable que esté de acuerdo y entonces le pides que firme los documentos.

El cierre «Ventaja competitiva»

No importa dónde estemos, en cada momento, en el ciclo económico; como clientes, las empresas siempre buscarán maneras de conseguir una superioridad competitiva. Si la empresa A cree que a la empresa B le va mejor que a ellos, querrán aplicar las mismas medidas. Este cierre les hace pensar en ello.

«María, por favor comprenda que sus competidores se enfrentan a los mismos problemas que ustedes. ¿No es interesante que cuando todo un sector lucha contra las mismas fuerzas, algunas compañías responden mejor a los retos que otras? Mi objetivo, hoy, aquí, ha sido ofrecerles un medio de conseguir esa ventaja competitiva. Y consiguiendo ventajas, sean grandes o pequeñas, es como pueden convertir a esta empresa en una de las pocas del sector a las que mejor les va. ¿Cuándo quiere que su compañía empiece a formar parte de ese grupo?»

Si tienes un cliente en otro sector, no competidor, que ha utilizado tu producto para conseguir una ventaja, asegúrate de transmitirle su testimonio a este cliente potencial. Mejor aún, pregúntale a tu cliente actual si le importaría que lo llamara algún cliente potencial tuyo, de sectores no competidores, para hablar de lo bien que tu producto y tú habéis servido sus necesidades.

El cierre "Economía negativa"

Cuando la principal preocupación que tienen tus clientes guarda relación con una economía negativa o en baja, quizá no puedas conseguir que dejen de pensar en ella. Con algunas personas, en lugar de tratar de convencerlas de que el vaso está medio lleno, es necesario que te muestres de acuerdo en que las cosas no van demasiado bien. No obstante, utilizando las frases de este cierre, conseguirás que admitan que hay ventajas en tomar decisiones, incluso en los peores momentos económicos.

«Irene, Jack, tengo que reconocer que estoy de acuerdo con vosotros cuando habláis de la mala situación económica a la que nos enfrentamos. No obstante, hace años aprendí una verdad muy interesante. Los triunfadores compran cuando todos los demás venden, y venden cuando todos los demás compran. Lo único que oímos últimamente son noticias sobre lo mal que está la economía, pero he decidido que no voy a dejar que eso me preocupe. ¿Sabéis por qué? Porque muchas de las fortunas actuales se construyeron durante épocas económicas duras en el pasado. Los que acumularon esas fortunas se concentraron en las oportunidades a largo plazo, en lugar de en los problemas a corto plazo. Hoy, aquí, tenéis la misma oportunidad. Con la mirada puesta en los beneficios a largo plazo de nuestro servicio, tiene sentido empezar ya, ¿no estáis de acuerdo?»

Una vez más, los has ayudado a racionalizar la decisión que, emocionalmente, quieren tomar.

El cierre «En la economía actual»

Para los posibles clientes que saben que es preciso que tomen una decisión, pero están tan atrapados por los «¿Y si...?», prueba con este cierre para ayudarlos a centrarse en sus necesidades.

«Basándonos en las actuales noticias económicas, casi todo es o bien demasiado malo para nosotros o bien demasiado bueno para ser verdad. Si nos tomamos a pecho toda la información que nos presentan cada día, nunca compraremos nada. Nuestra economía se estancaría y todos pagaríamos las consecuencias. Usted está en una posición en que puede tomar una decisión positiva para su familia/compañía, ¿no le parece?»

Cuando acepten que la elección es positiva, solicítales el pedido.

El cierre «Productividad empresarial»

Cuando las empresas se enfrentan a problemas, hacen recortes y, posiblemente, despiden empleados, quienes toman las decisiones pueden andar bastante desanimados. Si comercializas un producto o servicio para las empresas, que beneficia a sus empleados directamente o que éstos usarán, no insistas en la decisión y sí en el resultado positivo. Prueba algo así: «Wayne, lo que os ofrezco hoy no es sólo un producto/servicio. Es un incentivo para la moral de los empleados. ¿No has notado que cualquier cosa nueva aumenta su interés y entusiasmo en el trabajo? El entusiasmo levanta la moral. La moral incrementa la productividad. ¿Y cuánto vale la productividad?»

Esta táctica funciona especialmente bien con productos como los seguros de enfermedad, el equipo y el mobiliario de oficina, las máquinas expendedoras, y los servicios que afectan al entorno laboral de los empleados.

Espero que ya veas el patrón de las estrategias de cierre más efectivas:

1. Muéstrate de acuerdo con lo que el cliente potencial diga.
2. Haz que cambie de opinión, usando anécdotas, preguntas, citas, ejemplos y testimonios.
3. Crea una sensación de urgencia.
4. Actúa como si la decisión ya estuviera tomada a favor de comprar tu producto o servicio.
5. Solicita de forma clara y directa el pedido.

Este patrón te ayudará a calmar los temores de los clientes potenciales y hacer que se decidan.

Resumen

- Comprendes cuáles son los temores más corrientes de los clientes.
- Sabes cómo reconocer a quien da largas.
- Sabes cómo crear una sensación de urgencia respecto a tomar una decisión de compra.
- Utilizas estrategias para hacer que confíen en tu palabra.
- Conoces y usas estrategias de cierre efectivas y probadas.

11

Métodos para reducir costes sin dejar de parecer exitoso

> No es la más fuerte de las especies la que sobrevive, ni la más inteligente, sino la más receptiva al cambio.
>
> CHARLES DARWIN

La historia nos ha mostrado que muchas compañías grandes y fuertes no sobrevivieron a tiempos difíciles porque se resistieron al cambio. Su falta de receptividad a ciclos de negocio o mercados cambiantes les hizo sufrir pérdidas y tener que dedicar tiempo y recursos valiosos a recuperarse.

En el momento de publicarse la edición original de este libro, muchos de los periódicos de nuestra nación están luchando por reinventarse. Aunque muchas personas siguen disfrutando de los medios impresos, cada vez son más quienes se enteran de las noticias diarias por Internet o por televisión. La tecnología ha avanzado hasta el punto de que podemos conectarnos en casi cualquier lugar del planeta. Aunque los periódicos proporcionan un servicio valioso, la parte de «papel» de la ecuación es cara de producir y distribuir. Será interesante ver cómo los nuevos recursos reducen esos costes y se transforman.

Cuando nos resistimos a cambiar, vernos obligados a hacerlo puede ser doloroso en muchos sentidos. Es mucho menos doloroso cuando abrazamos el cambio, sabiendo que es por nuestro propio bien. Como dice Darwin, para sobrevivir debemos ser adaptables.

Para una compañía o un profesional de las ventas, es preciso que el cambio sea una elección. Una elección sabia. Ir de acá para allá, a tontas y a locas, y ponernos tiritas en cualquier cortecito o rasguño que nos hayamos hecho durante los tiempos difíciles no es un modo efectivo de solucionar los problemas. Es mejor salir por completo de entre las zarzas con medidas bien pensadas que nos lleven a la eficiencia y la productividad.

Es de esperar que estés preparado para capear los diversos ciclos económicos y los posibles cambios de que hemos hablado antes en este libro. Si te has ocupado de las cuestiones económicas fundamentales, entonces cuando llegue la marea del cambio tendrías que poder sobrevivir bien, haciendo algunas adaptaciones adicionales menores.

La esperanza es que ninguno de los cambios que necesites hacer tenga un efecto negativo en la calidad de los productos o servicios que tus clientes reciben. De hecho, te encarezco que temples cualquier cambio que estés considerando con esta pregunta:«¿Cómo afectará este cambio a los que hacen negocios conmigo?» Si la respuesta es: «No los afectará», estupendo. Si los afecta, la siguiente pregunta es: «¿Los afectará hasta el punto de que no quieran seguir haciendo negocios conmigo?» No te conviene en absoluto instaurar un cambio que tenga estas consecuencias, aunque ha habido casos en que ha sido necesario hacerlo para salvar la empresa (o tu carrera profesional) a largo plazo. Ha habido empresas que se han apartado de los clientes de menos tamaño para servir las necesidades de sus clientes de tamaño mayor, los que le son imprescindibles. Algunos clientes pequeños tienen exigencias o necesidades que resulta demasiado costoso seguir atendiendo. También es posible que no puedan permitirse tus productos o servicios si necesitas subir precios para conseguir un beneficio decente.

Siempre es sensato analizar el porcentaje de beneficios que procede de cada cliente y ocuparte de sus necesidades en consecuencia. Si tienes un alto margen de beneficio en ciertos productos que gozan de la demanda de las empresas pequeñas, quizá tenga sentido que reduzcas la cantidad de tiempo que dedicas a tus clientes de mayor tamaño. Recuerda que es importante ver tanto los dólares finales como los porcentajes del margen de beneficio. No te conviene perder una cuenta importante que genera ingresos altos a cambio de seis pequeñas empresas que tienen márgenes de beneficio altos, a menos que esto vaya acompañado del saldo final en dólares.

Consejos sobre cómo apretarse el cinturón, para profesionales de la venta

Cuando, por las razones que sean, el negocio decae, quizá necesites apretarte un poco el cinturón, tanto personalmente como en tu manera de gastar tiempo y dinero para el negocio. Empieza a ser lo más eficiente posible. Después, si todavía tienes que hacer más, piensa dónde gastas el dinero. Lleva el control de tus gastos durante una semana y quizá te sorprenda ver de cuántas maneras puedes ahorrar si modificas tu manera de pensar y tus costumbres.

Aunque los vendedores tienen el potencial para ganar mucho más que el empleado medio que trabaja de nueve a cinco, también tienen la tendencia a querer gastar. Queremos los chismes más recientes y fantásticos. Nos gustan los coches nuevos. Disfrutamos viajando tanto por negocios como por placer. Llevo muchos años diciendo que a quien más fácil es vender es a otro vendedor.

Yo mismo tengo tres aspiradoras que compré a vendedores puerta a puerta. Aunque ya había dos en casa, no tenía una que sacara una bola de boliche del ropero. ¡Y fíjate lo mucho que la necesitaba! Vaya tontería, ¿no? Pero el vendedor lo hizo tan bien que, sencillamente, no pude rechazarlo. Sé lo que se siente cuando te rechazan. Sé lo duro que puede ser nuestro trabajo. Soy una presa fácil. Por esta razón, en mi empresa tengo un grupo de personas que toman todas las decisiones económicas. Normalmente, soy una persona austera, pero cuando veo una buena presentación de ventas, quiero comprar, tanto si necesito el producto como si no.

Si estás hecho del mismo molde que yo, elabora una estrategia para tus decisiones de compra y mantente fiel a ella. Esto puede entrañar que tengas que consultar con alguien de la familia o de la empresa antes de hacer compras importantes. Puedes limitar tus gastos no esenciales a una cierta suma de dinero durante un tiempo. Puedes decidir no comprar nada que no sea esencial hasta que hayas economizado lo suficiente para justificarlo como recompensa.

Cultiva una mentalidad ahorradora y mantenla activada todo el tiempo. Te sorprenderá cuánto puedes mejorar.

Como ejemplo, considera tus hábitos en la comida. Muchas personas se quedan muy sorprendidas cuando hacen la cuenta de los recibos de gastos relacionados con la comida de una única semana. ¿De verdad necesitas ese refresco de un litro cada tarde? Puede que ese tamaño salga mejor de precio, pero sigue costando más que una bebida más pequeña. ¿Eliges el tamaño mayor para tus raciones de comida rápida cuando una ración normal te ahorraría tanto dinero como calorías? ¿No sigues comiendo cuando tienes el estómago lleno o siempre dejas el plato limpio?

Algunos de mis alumnos cultivan la costumbre de dividir por la mitad los platos del restaurante, cuando se los traen a la mesa. Se comen una mitad y se llevan la otra a casa, para otra comida. Haciéndolo así, eliminan el gasto de una comida completa. No es preciso que hagas una montaña de esto ni que traces una raya en medio del plato, sino que tomes nota mentalmente y pienses en ello la próxima vez que pidas la comida en un restaurante.

También sé lo mucho que a los vendedores nos gusta el café. La cuestión es si realmente necesitamos esos cafés especiales. Si vas directamente de la cafetería al despacho, quizá te ahorrarías algo de dinero si tuvieras tu propia reserva de cosas para añadir. ¿Pides siempre el tamaño extra grande? Echa una ojeada a tu taza cuando tomes café. ¿Lo has apurado hasta el final? Si no, la próxima vez pide un tamaño más pequeño y mira a ver si notas algo diferente, aparte de la cantidad de cambio que te dan cuando pagas.

Si eres un contratista independiente, te aconsejo que no comas nunca solo. Como vendedores, con frecuencia nos encontramos lejos tanto de casa como del despacho a la hora de comer. No comas cualquier cosa a toda prisa. Aprovecha las deducciones de impuestos y las buenas relaciones que creas cuando desayunas, almuerzas o cenas con tus clientes o posibles clientes. Esto quizá te exija que planifiques con un poco de antelación, pero lo que ahorras vale la pena.

Para ver otras ideas geniales sobre la deducción fiscal para las empresas, consulta con mi compañero y formador Sandy Botkin. Antes estaba en el Internal Revenue Service (Agencia Tributaria) y ahora trabaja al otro lado de la mesa, para el público en general. Es muy divertido escucharlo y respalda todo lo que dice con la ley del Impuesto sobre la Renta en la mano.

Sé prudente en cuanto a tomar atajos en la contabilidad o los servicios fiscales. A menos que ese sea tu campo, es demasiado fácil fastidiarla. Mientras tengas ingresos y gastos que declarar, sigue trabajando con profesionales de estos ámbitos. A la larga, su experiencia debería ahorrarte más de lo que ahorrarías haciéndolo tú mismo.

Echemos ahora una ojeada a tu ropa. Una de las ventajas de ser un profesional de la venta, en lugar de hacer trabajos manuales, es que vistes bien. Fue uno de los aspectos de la venta que me atrajo cuando tenía diecinueve años y trabajaba en la construcción. Cuando trabajaba en la plataforma de un puente, algunos días de verano necesitaba dos duchas, realmente largas, para limpiarme después de toda la jornada al aire libre.

Si tu ropa normal de trabajo es un traje, pregúntate si podrías tirar con el que tienes otra temporada. ¿Puedes renovarlo con una camisa, blusa, corbata, chal o joyas nuevos... algo que no sea tan caro como un traje nuevo? Si puedes, hazlo. Si no, decide qué presupuesto tienes, aprovecha las rebajas y compra con prudencia.

Aquí es donde comprar ropa de estilo clásico es una buena idea. Como ejemplo, se sabe que el presidente Barack Obama, cuando encuentra un modelo de traje que le gusta lo suficiente, compra cinco iguales. Así le resulta más fácil elegir. ¡Se ahorra pensar!

Un amigo mío que trabaja en el sector de la joyería de lujo ha elegido una especie de uniforme para su ropa de negocios. Siempre que trabaja, viste ropa de un estilo particular que «va bien» con él y con su posición en el sector. Si eliges un «uniforme» que es apropiado para el trabajo, no te preocupes de aburrirte de él. En cambio, date cuenta de la paz mental y el ahorro en el gasto que te puede aportar. Además, como he dicho antes, siempre puedes modificarlo, de forma económica, con pequeños cambios utilizando joyas y otros accesorios.

¿Eres hábil, o tienes a alguien hábil a mano, cuando se trata de hacer pequeños arreglos en la ropa? Considera la posibilidad de reparar tu ropa, en lugar de cambiarla. En general, si conseguimos ser menos despilfarradores, como sociedad, mejor será para nuestra cartera y para el planeta.

Si tu puesto exige que lleves a clientes en tu coche, más vale que esté en buenas condiciones. Nunca escatimes en algo tan importante como esto. Que tu coche se averíe al ir o volver del almuerzo con un cliente —con el cliente en el coche— no es bueno. Aunque mantenerlo en las mejores condiciones de funcionamiento es trabajo de los profesionales, sin ninguna duda tú mismo puedes ocuparte de los detalles de cosmética. En lugar de llevar el coche a lavar cada semana, mira a ver si puedes arreglártelas limpiándolo con una bayeta suave y lavando las ventanas tú mismo. Mejor todavía, añade la limpieza del coche a la lista de tareas de tus hijos y aumenta su paga (pero no tanto como te costaría un lavado profesional).

¿Tu maletín ha sufrido una buena paliza últimamente? Si es así, coge un limpiador de piel y mira a ver si puedes resucitarlo. Algunas de las personas a las que conocerás en los negocios te juzgarán muy estrictamente. Si algo en ti muestra falta de cuidado, desaliño o desorganización, quizás alberguen dudas sobre lo bien que te ocuparás de sus necesidades.

¿Qué aspecto tienen tus zapatos? Préstales atención antes de entrar en la casa o la empresa de un cliente potencial. Conozco a muchos hombres que ven suciedad o polvo en sus zapatos y se los frotan contra la pernera del pantalón. El problema ahora es que es el pantalón lo que está sucio y, posiblemente, de forma muy visible. Revisa los zapatos antes de ponértelos. Pasarles rápidamente una gamuza puede evitar que tengas que volver a pensar en ellos durante el resto del día.

Es preciso dedicar el mismo nivel de atención a tu ordenador portátil. Si tiene aspecto de haber atravesado una zona bélica, piensa en la posibilidad de comprarle una funda atractiva. En este negocio, es importante mantener las apariencias. Los clientes quieren tener trato con representantes con éxito en el sector. En tiempos difíciles, quizá te sigan considerando uno de los vendedores de más éxito, aunque tus ventas hayan bajado considerablemente.

Es fundamental que te mantengas siempre tan informado como sea posible para servir sus necesidades, pero no temas mostrar que estás haciendo algunos recortes, siempre que no afecten a la calidad del servicio que ofreces. Tus clientes te respetarán por ser sincero y reconocer que las cosas no van tan bien como en el pasado y apreciarán tu creatividad para capear la tormenta.

Volvamos a otras maneras de hacer frente a una mala situación. ¿Qué compras en material de oficina? ¿Podrías conseguir algunas de esas cosas en tu empresa? Si no es así, ¿podrían resultarte más económicas si tuvieras una cuenta profesional abierta en la tienda de materiales de oficina? Muchas de las grandes cadenas ofrecen programas de premios. Sólo se tarda unos minutos en inscribirse y puede aportarte unos bonitos ahorros.

¿Puedes dedicar tiempo para comprar materiales de oferta, marcas genéricas o artículos procedentes de un exceso de existencias en Internet? Podría sorprenderte descubrir lo que puedes conseguir. ¿Conoces a alguien que pudiera ayudarte en esto? Puede que haya otros vendedores independientes como tú con los que podrías formar un grupo de compra para que todos pudierais ahorrar en este tipo de gastos. Empieza a preguntar.

Cuando se trate del ordenador, piensa en si, de verdad, necesitas imprimir tantos documentos. A guisa de ejemplo, cada vez son más las consultas médicas que se pasan a los archivos sin papel para guardar la información de los pacientes. ¿Puedes hacer lo mismo? Si no es posible con todos los documentos, ¿hay algunos que puedas conservar sólo como carpetas electrónicas?

Mi personal y yo vemos que cada vez nos llegan más mensajes de correo electrónico con una frase al final sobre ahorrar papel no imprimiendo los mensajes, a menos que sea absolutamente necesario. Piensa en la frecuencia con que consultas los archivos impresos estos días. Cierto, es agradable saber que conservas todos los documentos relacionados con cada cliente, pero ¿tienen que estar impresos? ¿Tienen que ocupar espacio físico? ¿No será suficiente el ciberespacio?

Soy un obseso de ir bien arreglado. Es muy importante que nos presentemos de una manera profesional cuando nuestro trabajo comporta el servicio a otros. En esto, no hagas recortes que puedan afectar tu apariencia personal. Por supuesto, si normalmente te cortas el pelo cada seis semanas, quizás puedas alargarlo hasta siete para ahorrarte unos dólares, pero sólo si es absolutamente necesario. Sé lo que sienten las mujeres sobre hacerse la manicura. Sí, quizá al principio, la manicura y la pedicura fueran un lujo, pero es probable que hayan acabado viéndose como una necesidad. Si ese es tu caso, no dejes de hacerlo. Hasta yo admito que llega un punto en que el ahorro, obligado o no, sólo daña la mente. Si te vas a deprimir por tener que hacer un recorte, esto se verá en tu actitud y podría afectar de forma negativa tu porcentaje de cierres de venta.

Por otro lado, tampoco puedes considerar que cualquier táctica para apretarte el cinturón sea difícil de aplicar. Hazte responsable de encontrar medios para recortar aunque sólo sea un tres por ciento de tus gastos durante un periodo de un mes. Cuando lo consigas y comprendas que no es tan difícil ni doloroso, descubrirás que cultivas la nueva costumbre de preguntar: «¿Qué más puedo hacer?» Se convertirá en un juego divertido ver cómo y dónde puedes hacer recortes de los que sólo tú te das cuenta.

Convertir los ahorros en tus gastos personales en un juego puede dar buenos resultados con tu familia. Es una de esas cosas que *puedes* hacer cuando te enfrentes a problemas. Pasar a la acción, en lugar de dejar que el miedo o la indecisión te inmovilicen, te ayuda a sentir que tienes el control de la situación.

Si tu trabajo te obliga a viajar, asegúrate de aprovechar cada oferta especial, cada prima y cada programa de recompensas que puedas encontrar. Puede que te cueste un poco encontrarlos, pero si tratas tus necesidades de viaje igual de bien que tratas las necesidades de tus clientes, descubrirás que disfrutas de casi tantos beneficios procedentes de lo que ahorras como recompensas derivadas de servir a tus clientes. Además, hay compañías aéreas que ofrecen tarifas especiales si compras por Internet.

La mayoría de clientes lo comprenderán si los visitas en persona con un poco menos de frecuencia que durante los buenos tiempos. Por supuesto, algunos de esto necesitarán más atención. Ya hemos hablado de ello. Para los que se las pueden arreglar sin el contacto cara a cara, considera la posibilidad de utilizar servicios de reuniones online como Web-Ex, Microsoft Live Meeting o GoTo-

Meeting o, sencillamente, reúnete con ellos vía *webcam*. De esa manera, seguirán viendo tu cara sonriente y no tendrás que invertir todo un día de viaje (más el gasto) para estar allí. Si no sabes cómo usar estos servicios, reserva tiempo en tu agenda esta semana para aprender. Pide a otros vendedores (o a tu adolescente favorito) que te den unas instrucciones básicas para aprovechar esta tecnología.

Si tu cliente no tiene *webcam*, ¿estaría más a tu alcance invertir menos de cien dólares para enviarle una que el precio de un billete de avión, un coche de alquiler y el hotel para ir a verlo en persona? Además, podríais aprender a usarla juntos. Es un modo estupendo de tejer un nuevo vínculo o reforzar el existente, creando así fidelidad del cliente.

Si trabajas desde casa, considera la energía que puedes ahorrar. Algunas compañías de servicios ofrecen tarifas más bajas para los clientes profesionales. Habla con la tuya para ver si reúnes los requisitos para beneficiarte de ese ahorro. Apaga las luces, los ordenadores, impresoras, lo que sea, cuando no estés en la habitación. Cambia las bombillas por otras de bajo consumo. Si sustituyes electrodomésticos o equipamiento, busca productos que te permitan amortizar rápidamente la inversión. Quizá te sorprendas al averiguar que, con frecuencia, cuesta más la energía que gastarás en una terminal de trabajo, durante los tres años en que la usarás, que lo que cuesta comprarla. Puede valer la pena gastar un poco más y comprar un modelo de bajo consumo.

Dedica un día a analizar los servicios a los que estás abonado. ¿Hay un plan más económico para tu móvil?

¿Y qué hay de la televisión por cable? ¿La cobertura del seguro? Es muy fácil contratar estos servicios y olvidarse de ellos. O pasar a unas características mejores, sin darte cuenta de que, en realidad, no las usas.

Cuando pagues facturas, no lo hagas en el último momento, sino antes, siempre que sea posible. Las compañías de tarjetas de crédito tardarán hasta tres días en registrar el pago, así que lo mejor es pagar en cuanto recibas la factura, si tienes el dinero en la cuenta y puedes cancelar todo el saldo de golpe. Si te pasas de la fecha límite, te pueden cargar una cantidad mayor o interés por pago atrasado en el saldo anterior y en el nuevo.

Es de esperar que, a estas alturas, estés desarrollando tu propia mentalidad económica. No te pongas de los nervios cada vez que tengas que gastar dinero, pero presta más atención a dónde va a parar tu dinero. Abandona la costumbre de tirar de tarjeta de crédito sin mirar el total o comprobar el recibo. Sólo oblígate a adoptar algunas prácticas de sentido común para conservar una cantidad mayor del dinero que tanto te cuesta ganar.

Medidas de reducción de gastos para empresas

Si raramente invitas a los clientes a tu oficina, tienes más margen para implantar medidas de reducción de gastos que en un establecimiento de venta al menor donde los clientes pueden presentarse en cualquier momento durante el horario de atención al público. Una de las mejores cosas que puedes hacer es pedir a todos los que trabajan contigo que piensen en maneras de recortar gastos o mejorar la experiencia de los clientes. En nuestra empresa, lo hemos hecho dos veces y mi equipo presentó ideas que nos ayudaron a atravesar algunos momentos difíciles.

Otro gran recurso son los proveedores. Si ofreces un producto físico, ¿podría haber un sistema de embalaje más económico? ¿Sería posible rediseñar el material impreso para ahorrar gastos de impresión o encuadernación? Negocia con todos tus proveedores. Confía en mí, se alegrarán de ayudarte a ahorrar dinero si eso significa conservarte como cliente a largo plazo.

Conozco unas oficinas donde redujeron el servicio de jardinería de una vez a la semana a dos veces al mes. Recortaron el servicio de limpieza de tres veces a una vez a la semana. En ocasiones, el personal de oficina tenía que vaciar sus propias papeleras o rellenar el dispensador de servilletas de papel, pero el ahorro conseguido hacía que el esfuerzo valiera la pena. Si no acudías a aquel edificio cada día, es probable que ni te dieras cuenta de ninguna diferencia en el nivel de servicio que ofrecían. En un establecimiento detallista, quizá pudieras arreglártelas para reducir el servicio de jardinería, pero no los servicios de limpieza. Haz lo que sea más apropiado a tu situación. De hecho, es importante estar siempre atento al mantenimiento. Esto incluye la calefacción y el aire acondicionado, los ordenadores y el resto del equipo de oficina. Escatimar en estos aspectos podría costarte reparaciones caras cuando menos te lo esperes.

En Arizona, donde yo vivo, he visto que muchos establecimientos detallistas han instalado tragaluces. Aquí hace tanto sol que han conseguido reducir la cantidad de iluminación artificial necesaria para que sus tiendas sean alegres y luminosas. Otros están cambiando el tipo de luz que usan por bombillas que consumen menos pero que igual proporcionan la suficiente luz para el tipo de trabajo que hacen.

Algunas empresas están cambiando su horario de trabajo. Algunas trabajan más horas, pero abren un día menos a la semana. Hay negocios que no podrían sobrevivir si cerraran un día a la semana, pero otros no tienen problemas en este sentido. Por supuesto, asegúrate de notificárselo a los clientes antes de hacer esa clase de cambios y proporciónales un número de teléfono de urgencia para que puedan llamar en caso de que lo necesiten.

Estudia cualquier servicio externalizado. ¿Hay algo por lo que estás pagando a un asesor o servicio externo que pudiera hacer uno de tus empleados?

Cuando es hora de aplicar medidas de reducción del gasto, te recomiendo que revises las descripciones del puesto de trabajo de todos tus empleados. Asimismo, revisa los puntos fuertes y débiles de cada uno. Si el negocio flojea, ¿hay alguien que, normalmente, se dedica a entrar datos y que pudiera pasar a telefonear a los clientes a fin de generar más negocio? ¿En qué medida son versátiles tus empleados? ¿Qué aptitudes tienen que no estés aprovechando al máximo? ¿Puedes aplicar el talento de dos personas a realizar un trabajo que, de lo contrario, habría que contratar fuera? Esto no sólo ahorraría dinero a la compañía; además, trabajar en algo fuera de su ámbito normal daría nueva energía a esos dos empleados. Pedirle a alguien que pruebe a hacer algo nuevo suele ser un gran estímulo para la moral. Aumenta el interés y el entusiasmo. El entusiasmo sube la moral y ésta la productividad. Incluso si tu gente no tiene los conocimientos o cualidades para llevar el proyecto hasta el final, si le han dado un buen empujón, te costará menos que alguien de fuera lo pula y lo complete.

El siguiente punto puede parecer una tontería, pero es asombroso lo que puede salir de él. Nos enfrentábamos a algunos recortes en nuestra empresa. Empecé a pensar en cuánto gastábamos en material de oficina. Durante casi toda una mañana, busqué artículos básicos, como bolígrafos, notas adhesivas, clips, etcétera, que estaban en mi casa. Me quedé estupefacto al ver cuántos se habían acumulado en diversos rincones. Conseguí llevarme una bolsa llena a la oficina y enseñársela al personal. Aunque se rieron del bueno de Tom, tan ahorrador él, muchos de ellos decidieron hacer lo mismo y concentrar todo el material de oficina en un único sitio del edificio. Con la cantidad de artículos que encontramos, conseguimos reducir el presupuesto de material de oficina de aquel mes. Lo que nos hizo sentir bien por ser un poco ahorradores no fue tanto el valor de lo que encontramos como el ejercicio de organizarlo. Y actuar en beneficio de la compañía creó un agradable nivel de energía que, estoy seguro, se manifestó en otros aspectos de nuestro negocio.

En tiempos de estancamiento o recesión, todos comprendemos que los aumentos y las primas se verán afectados. No nos gusta, pero lo entendemos. La mayoría agradecerá seguir teniendo trabajo y no estará demasiado preocupada por conseguir un aumento acorde con el coste de la vida. Si puedes hacerlo, te aconsejo que vincules cualquier aumento a la producción. Tal vez puedas repartir un porcentaje de lo que ahorréis en gastos, si haces que tus empleados busquen maneras de reducirlos sin que eso afecte al servicio. También puedes compartir un porcentaje del aumento de negocio con ellos, si es factible. La mayoría de compañías encuentran que las recompensas vinculadas a los resultados son muy efectivas y, unirlas a los ahorros y a las ganancias permite que participe incluso la recepcionista o el personal de contabilidad. No se reduce todo al departamento de ventas.

Me han hablado de varias empresas e instituciones públicas que piden a sus empleados que tomen días de permiso sin paga, a fin de salvar puestos de trabajo. La mayoría está dispuesta a hacer esto antes que ver que algunos de sus compañeros pierden su puesto de trabajo.

Compartir la riqueza (o los ahorros)

En tiempos difíciles, a menos que se trate de un desplome de ventas personal, es raro que lo que sucede te suceda sólo a ti. Lo más probable es que afecte a otros miembros de la familia, a tus compañeros de la empresa, vecinos, clientes y proveedores. En ocasiones, quizá te sientas como si estuvieras caminando en medio de una niebla gris de incertidumbre o de absoluta oscuridad. No puedes permitir que domine tus actos.

Los auténticos profesionales de cualquier campo saben que sus actos positivos no sólo son buenos para ellos, sino que están obligados a compartir lo que aprendan con otros. Sé el rayo de sol que atraviesa las nubes. Acércate siempre a los demás con algo positivo que decir o con la historia de algo que tú u otro pusisteis en práctica y que representó una auténtica diferencia.

Si en tu campo de ventas creas listas de recursos o envías boletines a tus clientes o posibles clientes, empieza a mandarles una serie de consejos positivos. Incluso puede que quieras enviárselos en forma de tarjetas atractivas o mensajes electrónicos que tus clientes puedan compartir con otros. Cuanto más ampliamente se difundan las ideas positivas, mejor para todos nosotros. Si resulta apropiado, incluye detalles de lo que cada una de esas ideas ha hecho por ti o por alguien. Una advertencia: siempre debes pedir permiso antes de hablar de lo que otra persona ha hecho.

Resumen

- Antes de hacer cambios, consideras cómo afectarán a tus clientes.
- Analizas el valor que cada cliente tiene para ti y para tu compañía.
- Desarrollas una mentalidad económica respecto a todos tus gastos.
- Te comprometes a compartir con los demás tus éxitos en el recorte de gastos.

12
La venta es servicio

> Lo que cuenta no es el estilo de ropa que vistes ni la clase de automóvil que conduces ni la cantidad de dinero que tienes en el banco. Todo esto no significa nada. La medida del éxito es simplemente el servicio.
>
> GEORGE WASHINGTON CARVER

El deseo de servir las necesidades de otros debe ser la base de una carrera de éxito en las ventas. Es cierto que la mayoría elige el terreno de la venta porque saben que se puede ganar un buen dinero, pero el dinero sólo viene después del servicio. De hecho, con frecuencia les digo a mis alumnos que quiten la S de *Servicio* y la sustituyan por el símbolo del dólar, con lo que la palabra queda así: *$ervicio*. Esta imagen mental les ayuda a comprender que los ingresos que recibimos están en proporción directa con el servicio que prestamos a los demás. Es una especie de marcador que refleja lo bien que hacemos lo que hacemos.

Ten cuidado; si el dinero llega a ser más importante para ti que el servicio que ofreces, dejarás de ganar dinero porque tus razones para trabajar en ventas serán las equivocadas. Para tener un auténtico éxito en el campo de las ventas, debes estar sinceramente interesado en las necesidades de los demás.

Hay personas que deciden «probar» a vender mientras esperan que se desarrolle su verdadera profesión, porque es algo que no siempre exige un nivel de educación alto. Cuando sólo haces algo a prueba, no es probable que te vaya tan bien como a alguien que se entregue a ese trabajo. No permitas que el hecho de que sea bastante fácil entrar en la venta del tipo que sea te lleve a creer que es un asunto fácil. Mi mentor, el gran J. Douglas Edwards, ya fallecido, solía decir que vender es el trabajo difícil mejor pagado y el trabajo fácil peor pagado que existe. Si no estás dispuesto a trabajar de firme, no esperes conseguir unos ingresos altos. Por supuesto, hay campos que exigen una preparación específica, pero muchos sólo requieren una buena actitud (esa actitud de *servicio*) y el deseo y la capacidad de conocer bien el producto que ofreces.

Otras personas empiezan a vender muy jóvenes y siguen en ello porque es lo único que conocen. En mi opinión, todo el mundo debería participar en la venta de algo, en algún momento de su vida. Cuanto más joven lo haga, mejor. Te obliga a comunicarte con los demás. Te estimula a decir y hacer lo acertado para alcanzar un resultado con éxito. Es una formación excelente para la vida misma. Bien mirado, todos vendemos algo.

Nos vendemos nosotros mismos en el trabajo cada

día; tanto si es en un puesto de ventas como si no. Cuando buscamos un nuevo empleo, vendemos el producto que mejor conocemos: nosotros y las aptitudes que hemos desarrollado. Vendemos nuestro yo divertido a nuestros amigos. Vendemos nuestro yo amoroso a nuestra familia. Vendemos nuestro yo comprensivo a nuestros vecinos. Vendemos nuestras ideas y valores a nuestros hijos o a los hijos de alguien sobre los que tenemos una cierta influencia.

Cuanto mejor comprendamos que cualquier interacción que tengamos con otro ser humano es una situación de ventas, más éxito tendremos en la vida en general. Nuestro objetivo en todas las situaciones se convierte entonces en un empeño por conseguir que todos los involucrados ganen, en lugar de ser una competición para ver quien resulta vencedor.

Con independencia de cómo hemos llegado hasta aquí, la mayoría seguimos en las ventas como profesión porque nos gusta cómo nos sentimos al ayudar a otras personas y empresas a tomar decisiones para adquirir o relacionarse con nuestros productos o servicios. Basándome en mis conversaciones con los alumnos, debo decir que el nivel de satisfacción en el trabajo, en el campo de las ventas, es sistemáticamente alto, incluso en tiempos difíciles.

Sé que, al principio, seguí en la venta de propiedades inmobiliarias debido a la gran satisfacción que me proporcionaba. Me sentía muy bien ayudando a familias jóvenes y a personas de más edad —que soñaban con ser propietarias de una vivienda— a decidir comprar una casa. Con mis palabras y mis actos los ayudaba a reunir la suficiente información para tomar decisiones sensatas. Les ayudaba a ver que podían permitirse el sueño estadounidense de ser propietarios de su propio hogar. Más tarde, fue ver cómo a mis alumnos se les iluminaba la cara al entender mis explicaciones lo que me hizo continuar vendiendo «técnicas de venta», algo con lo que sigo disfrutando hoy.

Se puede conseguir una enorme satisfacción personal con una profesión de vendedor bien administrada. Me encanta comparar la venta con el campo de la medicina. Como la de los médicos, nuestra tarea es analizar los síntomas y hacer recomendaciones que lleven a una salud mejor. Los síntomas a los que hacemos frente son las necesidades de nuestros posibles clientes. Su salud es un resultado directo de los beneficios de nuestras ofertas. Y, al igual que muchos médicos, estamos bien pagados por nuestros conocimientos, experiencia y servicio.

¿Cuántas otras profesiones hay en el planeta en las que ayudes a alguien a comprar algo que le beneficiará, recibas una compensación económica por hacerlo y que, al final, te lo agradezcan? Sí, si haces tu trabajo de servicio como es debido, mientras estés dándole las gracias al cliente por el negocio que te ha generado, él te las dará por ayudarlo. Es la clamorosa ovación de la venta; un «gracias» sincero de tus clientes cuando han tomado la decisión de adquirir los beneficios de tu producto o servicio. ¿Cómo es posible no amar esto?

La gente se beneficia de habernos conocido. Las empresas realizan mejor sus funciones debido a nosotros. Hacemos que otros produzcan una buena impresión. Hacemos que se sientan bien. Los ayudamos a encontrar medios de tener más, ser más y hacer más con su vida y su negocio. ¡Vender es la profesión más fantástica del mundo!

Servir a todos

La profesión de la venta también nos ayuda a satisfacer nuestra curiosidad natural respecto al mundo que nos rodea. Conocemos gente constantemente. Aunque nuestro producto tenga un posible público relativamente pequeño, nuestra actitud de servicio repercute en nuestra vida. Cuando conocemos a alguien, averiguamos un poco o mucho de su vida, dependiendo del tipo de producto o servicio que ofrecemos. Y, en la mayoría de casos, somos mejores personas por conocerlo. Estas ideas, sueños y circunstancias amplían nuestra manera de pensar, sacándola de nuestro pequeño rincón del mundo.

Una vez que una nueva experiencia o un nuevo entendimiento ensanchan nuestra mente debido a las vivencias de otros, nunca vuelve a encogerse. Crecemos y nos agrandamos, florecemos más que muchas otras personas debido a la profesión que hemos elegido.

Como profesionales de la venta vivimos el reto de encontrar, educar y persuadir a otros. Ejercitamos nuestra fuerza creativa. Constantemente, buscamos nuevas conexiones, nuevas maneras de atraer a otros y despertar su curiosidad para saber más de nuestros productos y servicios. Servimos a sus necesidades, no sólo con nuestros productos, sino también con nuestra experiencia, con los conocimientos que acumulamos con la experiencia de otros y las conexiones que les ayudamos a hacer.

Los vendedores son pequeños catalizadores del mundo; hacemos que las cosas sucedan. Si no fuera porque nosotros asumimos las responsabilidades de esta profesión, no sucedería nada. Las personas y las empresas que crean productos no sabrían qué hacer para comercializarlos. Las personas y las empresas que tienen necesidades no podrían satisfacerlas. Todo esto tiene que ver con que la venta es un gran servicio, vital para el mundo. ¿No te alegras de haberlo elegido como profesión?

Servir a tus propias necesidades

Habrá veces en que no te sientas con ganas de ofrecer tu mejor servicio. Es normal. Lo importante es que comprendas que no lo estás dando todo y hagas lo máximo que puedas en ese momento.

Toma nota, mentalmente o por escrito, de hacer lo imposible en otra ocasión para cualquier cliente que quizás hoy no reciba todo lo mejor de ti.

Verás, tu conducta en cualquier momento dado se ve influida por la opinión que tengas de ti mismo. Si en tu vida está pasando algo que no te da muy buena imagen de ti mismo, quizá te resulte difícil encontrar en tu interior la fuerza para ofrecer tu nivel más alto de servicio a tus clientes. Ten fe en ti mismo. Puedes hacer todo lo que decidas hacer. Una vez que hayas decidido, descubrirás cómo hacerlo y estarás dispuesto a pagar el precio necesario para hacerlo bien.

Si te cuesta encontrar la energía para hacer frente a los retos diarios de tu profesión de vendedor, es hora de que te hagas con el control de tus ideas. Los pensamientos conducen a los actos. Si tienes pensamientos negativos o temerosos, te arriesgas a acabar siendo menos de lo que puedes ser. ¿Por qué conformarte con menos de lo que puedes ser? No puedes tener éxito cuando la confusión o el miedo ensombrecen tu mente. El miedo crea resistencia al cambio y, como hemos dicho a lo largo de este libro, el cambio es la clave del éxito. Empieza a mejorar tu actitud y tu situación comprendiendo que la infelicidad es la señal de que estás listo para cambiar. Eres el artífice de tu propia vida. Nada de lo que haya pasado para traerte a este momento del tiempo importa ya. Lo único que puedes controlar es el momento presente. Si te permites pensar que las cosas no van a mejorar, te estás encerrando en una prisión mental. Si no pasas a la acción, sufrirás una lenta muerte emocional.

Como mínimo, cuando estés desanimado, haz algo que se salga de tu modelo habitual. Levántate a una hora diferente. Acuéstate a una hora diferente. Desayuna antes de ducharte, en lugar de hacerlo después. Toma un camino diferente para ir a trabajar. Aparca en un sitio diferente del que usas habitualmente. Al actuar de manera diferente, tu mente saldrá de un estado de desánimo automático. Verás las cosas de manera diferente. Es probable que se te ocurran nuevas ideas.

En una ocasión oí un programa sobre creatividad en el cual los formadores dijeron que había que hacer un esfuerzo consciente al vestirse por la mañana. Si lo normal era que empezaras por ponerte los calcetines, te los pusieras al final. Si primero te ponías la pierna izquierda del pantalón, ahora cambiaras a la derecha. Y así sucesivamente. Parecía una tontería, pero cuando lo probé, descubrí que era más difícil de lo que suponía. Era preciso activar mi mente consciente para que se concentrara en completar la tarea. La verdad es que me hizo sentir diferente de lo que me sentía cuando me vestía automáticamente, mientras pensaba en lo que me traería la jornada.

Es importante conseguir el equilibrio en la profesión de vendedor. No puedes dar, dar, dar a los demás todo el tiempo sin quedarte sin energía, tanto física como mental. Por esta razón, te encarezco que trabajes con algún tipo de sistema de planificación y te asegures de programar actividades diferentes de la venta de una forma regular. Aunque ames tu trabajo y a tu familia a más no poder, también tienes que quererte a ti mismo. Esto lo demuestras incorporando hábitos sanos en tu programa: hacer ejercicio, comer bien y tomarte tiempo para el sosiego, la relajación y la renovación. Tener un sentido del equilibrio aumentará la creatividad que necesitas para hacer frente a unos tiempos difíciles.

Anular los efectos de la negatividad

Pase lo que pase en tu mundo, no te hundas en la negatividad. La negatividad es sólo una manera de justificar que eres vulgar y corriente. Es una manera de racionalizar por qué a otros quizá les va mejor que a ti. ¿Y qué hacemos cuando «racionalizamos»? Compramos esas ideas. Las hacemos nuestras. No permitas que eso te suceda a ti.

En cualquier momento en que no llegues a sentirte plenamente positivo y bien respecto a lo que estás haciendo, da un paso atrás y pregúntate cuándo te diste permiso para nada que no fuera triunfar. Empieza a proteger tu mente contra los pensamientos negativos. Piensa en qué piensas.

Si trabajas junto a personas negativas, sé consciente de cómo sus actitudes afectan a las tuyas. Limita el tiempo que pasas escuchando lo que tienen que decir. De hecho, esfuérzate por escuchar sólo a las personas a las que les va mejor que a ti; las que son como quien tú quieres llegar a ser.

No todos los que siguen mis cursos de formación o leen mis libros alcanzan el éxito. Esto siempre me ha preocupado, porque todos tienen la misma información a su disposición. Muchas veces me he preguntado por qué algunos se lo toman en serio y la próxima vez que me ven me dicen lo mucho que han mejorado sus porcentajes de cierre de ventas y satisfacción en el trabajo, mientras que hay otros de los que no vuelvo a saber nada. He tenido que aceptar que buscaban respuestas fáciles o no estaban sinceramente entregados a servir las necesidades de otros.

Si ahora te das cuenta de que no haces algunas cosas que deberías estar haciendo, deja de engañarte. Despójate de cualquier máscara detrás de la que te ocultes. Líbrate de tu orgullo y reconoce que podrías hacerlo mejor. No aceptes la mediocridad.

Eres la suma total de tus decisiones. Llegar a ser más feliz y productivo sólo significa que tomas otras decisiones. Tienes éxito cuando disfrutas de tu vida y realizas tu potencial al máximo. Posees una combinación única de dones y cualidades. ¡Explótalos! Nunca te falles a ti mismo.

Una vez le preguntaron a Thomas Edison sobre su genio y respondió: «¿El genio? ¡Nada! El genio es perseverar... He fallado en mi camino al éxito». Cuando intentas algo nuevo, quizá no dé el resultado que esperabas. Pero no te rindas. Concédete el beneficio de la duda. Pregúntate: «¿Qué he hecho bien?» Primero, probaste algo nuevo. Eso está bien. A continuación, descompón lo que intentaste y busca las partes que sí que funcionaron. Para las que no funcionaron tan bien, piensa en cómo podrías adaptarlas para que te dieran mejor resultado.

Entrénate para triunfar

En tiempos difíciles, es más importante que nunca que te dediques a formarte, a practicar y mejorar todo lo que haces. Estar bien preparado te ayudará a ser una de esas personas que prosperan no sólo ahora, sino cuando las cosas dan media vuelta, como siempre hacen. Además, no esperes que sea sólo tu empresa quien te dé formación. El hecho de que estés leyendo este libro me dice que estás automotivado. Eso es bueno. Son demasiados los vendedores corrientes que tratan de culpar de sus problemas de falta de formación o motivación a una fuente externa, por ejemplo la empresa. Sólo tú puedes motivarte. Otros pueden exigirte responsabilidades, pero no pueden cambiar tu actitud hacia lo que haces. No pueden inyectarte dosis de ética o entusiasmo. Al final, todo es asunto tuyo.

Si, después de leer todo este material, dejas el libro de lado y no vuelves a mirarlo, es probable que las cosas sigan para ti igual a como estaban antes de leerlo. Si seguir igual te hace feliz, está bien. Sé feliz.

No obstante, si no estás contento con el lugar donde estás en este momento de tu vida y de tu profesión, conserva este libro encima de la mesa, en el coche o en el maletín, en algún sitio que sea fácilmente accesible. Antes de contactar con un cliente, ojéalo y revisa las consignas. (Espero que siguieras mi consejo del principio y hayas leído el libro con un rotulador, notas adhesivas y señaladores a mano.) Aunque sólo sea eso, las palabras que te he enseñado a usar te harán pensar y hablar de manera diferente. Empezarás a decir cosas tal como el cliente quiere oírlas. Crearás imágenes mentales de compra en su mente. Se te ocurrirán más y mejores medios para ayudar a tus clientes a racionalizar sus decisiones.

Todos experimentamos la abundancia sólo en el grado en que nos permitimos hacerlo. Cuando valgas más, ganarás más. Sigue buscando modos de neutralizar tu resistencia natural al cambio. Haz que te sientas incómodo donde estás y darás los pasos necesarios para ir donde quieres ir. Puedes modificar tu vida modificando tu actitud.

Piensa en la imagen mental que tienes de tu vida. Si no estás seguro de su aspecto, mira alrededor. Tu entorno es un reflejo de lo que piensas. Si no te gusta lo que ves, empieza a cambiarlo alterando tu imagen mental de ti mismo, de tu profesión y de la vida que serías más feliz viviendo. Si vivieras tu vida ideal en este momento, ¿cómo sería un día normal? ¿En qué tipo de habitación o cama te despertarías cada mañana? ¿Qué verías cuando miraras en el armario o en los cajones del tocador? ¿Cómo te sentirías cuando te miraras en el espejo? ¿Qué tipo de alimento le proporcionarías a tu cuerpo? ¿Qué clase de coche conducirías? Recorre todo un día imaginándolo paso a paso. Cuando tengas una imagen clara hasta el momento en que te vas a dormir por la noche, date cuenta de lo satisfecho que te sientes. Haz este ejercicio mental varias veces a la semana y conservarás ese sentimiento de satisfacción. No tardarás en ver que ofreces a tus clientes un nivel de servicio que te aportará la vida que ves en tu imagen mental.

Resumen

- El dinero refleja la cantidad de servicio que das.
- Vendemos constantemente: a nosotros, nuestras ideas, nuestros valores y nuestros productos.
- Crecemos en proporción directa al número de personas que conocemos y servimos.
- Comprendemos que es necesario atender a nuestras propias necesidades tanto como a las de los demás.

Material de referencia

(Por orden de aparición en el libro)

Pág. 18 Tom Hopkins International, Inc. http://www.tomhopkins.com/

Pág. 25 John G. Miller. QBQ! *The Question Behind the Question. Http;//www.qbq.com/*

Pág. 59 Daily Activity Graph (Gráfico de la actividad diaria). http://www.tomhopkins.com/free_resources.html

Pág. 60 SendOutCards. http://www.tomhopkins.com/SOCcontact/SOCcontact.html

Pág. 37 "Thank You Note Phraseology" (Fraseología en notas de agradecimiento) http://www.tomhopkins.com/pdf/ThankYouNotePhraseology.pdf

Pág. 77 Henry Ford. http://en.wikipedia.org/wiki/Ford_Model_T

Pág. 91 Earl Nightingale. *Lead the Field.* http://www.nightingale.com/prod_detail.aspx?productidn=116

Pág. 102 Tom Hopkins. *How to Master the Art of Selling.* http://www.tomhopkins.com/mm5/merchant.

mvc?Screen=PROD&Store_Code=T&Product_Code=1035&Category_Code=classics

Pág. 103 Dale Carnegie. *Cómo ganar amigos e influir sobre las personas.* http://www.amazon.com/How-Win-Friends-Influence-People/dp/0671723650

Pág. 105 Tom Hopkins y Pat Leiby. *Sell It Today, Sell It Now.* http://www.tomhopkins.com/mm5/merchant.mvc?Screen=PROD&Store_Code=T&Product_Code=1530&Category_Code=sales_closing

Pág. 121 Dan S.Kennedy. http://dankennedy.com/index.php

Pág. 260 Sandy Botkin. http://www.taxreductioninstitute.com/